Arwyr Chwaraeon

Cyhoeddwyd gan Wasg y Dref Wen,
28 Ffordd yr Eglwys,
Yr Eglwys Newydd, Caerdydd CF14 2EA
Ffôn 029 20617860

Argraffwyd ym Mhrydain.

Arwyr Chwaraeon

GARY PRITCHARD

DREF WEN

I Mari, Ifan a Gwenno
am eu cymorth, cefnogaeth a'u cariad.

Cynnwys

© Empics

Wyn Davies

Ganed Ronald Wyn Davies yng Nghaernarfon ar 20 Mawrth, 1942, ac yn ystod ei arddegau dechreuodd ei yrfa bêl-droed gyda chlwb Deiniolen cyn symud i chwarae i dîm Llanberis yng nghynghrair Caernarfon a'r Cylch. Gweithiai yn chwarel lechi Llanberis ar y pryd a chyn hir cafodd ei arwyddo ar dermau lled broffesiynol gan glwb Caernarfon, a oedd yn chwarae yng Nghynghrair Cymru (Y Gogledd).

Chwaraeai Wyn fel asgellwr chwith i Lanberis, ond wedi i Gaernarfon ei symud i safle'r ymosodwr sgoriodd wyth gôl mewn 19 gêm i'r Canaries. Dechreuodd ddenu sylw clybiau mawr fel Aston Villa a Manchester United, ond aros yng Nghymru a wnaeth Wyn, gan symud i'r Cae Ras, Wrecsam ym mis Rhagfyr 1959 am y swm enfawr o £500. Wrth wneud hynny, sefydlodd lwybr a droediwyd flynyddoedd yn ddiweddarach gan Ray Mielczarek a Wayne Phillips. Erbyn hyn, mae cyn-chwaraewyr Wrecsam fel David Walsh, Martyn Chalk, Lee Jones a Steve Watkin wedi teithio i'r cyfeiriad arall ar hyd yr un llwybr er mwyn ymuno â'r Canaries ers i Phillips gymryd awenau'r clwb, sydd bellach yn chwarae yn Uwch-gynghrair Cymru.

Cyfaddefodd Wyn iddo ei chael yn anodd setlo yn Wrecsam gan na siaradai lawer iawn o Saesneg, ond nid oedd hynny i'w weld yn effeithio ar ei allu i chwarae. Wedi perfformiadau campus ar y maes i dîm ieuenctid y Cae Ras cafodd ei alw i garfan ieuenctid Cymru.

Roedd Wyn yn aelod allweddol o dîm ieuenctid Wrecsam wrth

iddynt gipio Cwpan Ieuenctid Cymru ym 1960, ac yn fuan wedi hynny cafodd ei alw i'r tîm cyntaf, gan wneud ei ymddangosiad cyntaf yn y gynghrair ym 1961. Roedd ffawd yn gwenu arno'r diwrnod hwnnw, ac fe sgoriodd un o'r goliau wrth i Wrecsam drechu Caerwysg o dair gôl i un.

Er iddo wneud ei farc yn y gêm gyntaf honno, dim ond wyth gôl a sgoriodd Wyn mewn 26 gêm yn ystod y tymor, ond roedd ei allu i ennill pêl yn yr awyr yn dal i greu argraff, ac roedd y chwaraewr ifanc bellach yn prysur wneud enw iddo'i hun y tu hwnt i Wrecsam.

Roedd ei werth fel chwaraewr wedi cynyddu yn ystod ei gyfnod ar y Cae Ras, ac wrth i Wrecsam ddathlu eu dyrchafiad i'r Drydedd Adran ym 1962 fe ymunodd Wyn â Bolton Wanderers am £20,000 – a oedd yn swm sylweddol fwy na'r £500 a dalod Wrecsam amdano dair blynedd ynghynt. Ffarweliodd Wyn â'i glwb mewn steil wrth iddo sgorio tair gôl yn ei gêm olaf yno – un o dri chwaraewr i daro hat-tric y diwrnod hwnnw wrth i Wrecsam chwalu Hartlepools United o ddeg gôl i un.

Ym 1964 cafodd Wyn y fraint o wisgo crys coch Cymru am y tro cyntaf, a hynny yn erbyn Lloegr yn Wembley. Aeth ymlaen i ennill 34 cap gan sgorio chwe gôl mewn cyfnod o 10 mlynedd.

Yn Bolton roedd Wyn yn amlwg yn elwa ar fod dan adain un o gyn-chwaraewyr rhyngwladol Lloegr, Nat Lofthouse, ac fe sgoriodd 66 gôl mewn 155 gêm gynghrair i'r tîm. Yna, ym 1966, symudodd i Newcastle United am £80,000 – pris a oedd yn record i'r clwb ar y pryd. Chwaraeodd ei gêm gyntaf i'r Magpies yn erbyn y gelynion lleol, Sunderland, ym mis Hydref 1966 a daeth yn arwr ar Barc St James oherwydd ei ymroddiad ar y cae, gyda'r Geordies yn ei fedyddio yn 'Wyn the Leap' a 'The Mighty Wyn' oherwydd ei ddoniau yn yr awyr.

Wedi cyfnod pan fu Wyn yn gwrthdaro'n aml â'r swyddogion, derbyniodd air bach o gyngor gan reolwr Newcastle, Joe Harvey. Cyngor hwnnw wrtho oedd: 'Os oes rhaid i ti regi ar y dyfarnwr, pam na regi di yn Gymraeg?'

Roedd gan Wyn enw am fod yn chwaraewr caled a dewr, ac ar sawl achlysur fe arhosodd ar y maes er ei fod wedi ei anafu ac mewn poen. Roedd yn darged parhaus i amddiffynwyr, yn enwedig ar y cyfandir, lle roedd ei ffordd o chwarae a'i allu i neidio mor uchel yn anghyfarwydd. Wrth gipio Cwpan yr Inter-City Fairs – rhagflaenydd Cwpan UEFA – gyda Newcastle ym 1969, torrodd Wyn ei drwyn yn erbyn Rangers yn y rownd gyn-derfynol a thorrodd asgwrn ei foch wedyn yn erbyn Upjest Dozsa yn y rownd derfynol. Er gwaethaf yr anafiadau, yr oedd yn dal i chwarae'n wefreiddiol, ac enillodd barch ac edmygedd llawer un. Yn eu plith yr oedd cyn-gapten Manchester United a Lloegr, Bryan Robson, a aned yn Chester-le-Street yn Swydd Durham. Dywedodd hwnnw fod Wyn yn un o'i arwyr wedi i'r Cymro sgorio 40 gôl mewn 180 gêm gynghrair ar Barc St James.

Bu Wyn yn chwarae gyda Newcastle am bum tymor, ond wedi i Malcolm MacDonald gyrraedd gogledd Lloegr penderfynodd Wyn ei bod hi'n bryd pasio'r crys rhif naw ymlaen ac arwyddodd i Manchester City ym mis Awst 1971.

Bu bron i City ennill y bencampwriaeth yn ystod tymor cyntaf Wyn yno, gan fethu â chipio'r gynghrair o un pwynt yn unig. Yna, wedi i Wyn golli ei le yn y tîm i Rodney Marsh, symudodd ar draws Manceinion ym mis Medi 1972 i ymuno â Manchester United. Nid peth hawdd i bêl-droediwr yw ymuno â gelynion pennaf ei glwb blaenorol, a byr fu cyfnod Wyn gydag United. Symudodd yn ei flaen unwaith eto'r flwyddyn ganlynol i ymuno â Blackpool, a thra oedd yn Bloomfield Road chwaraeodd ei gêm ryngwladol olaf wrth i Gymru golli o dair gôl i ddim yn erbyn Gwlad Pwyl yn Chorzow. Treuliodd Wyn ddwy flynedd anhapus yn Blackpool lle bu'n dioddef yn sgil anafiadau, ac wedi cyfnod ar fenthyg yn Crystal Palace ymunodd â Stockport County ym 1975.

Wedi blwyddyn yn Edgley Park symudodd Wyn eto, gan fudo i Dde Affrica yn y gobaith o orffen ei yrfa â chlwb Arcadia Shepherds, ond byrhoedlog fu ei gyfnod yno. Cafodd gynnig ymuno â Crewe Alexandra, felly wedi mis yn unig dramor dychwelodd Wyn i

Brydain.

Cafodd ddwy flynedd hapus yn Gresty Road cyn iddo orfod ymddeol o'r gêm broffesiynol oherwydd anaf i'w ben-glin. Er hynny, llwyddodd i chwarae llond dwrn o gêmau i Fangor cyn ymddeol yn gyfan gwbl a dychwelyd i Bolton i ddechrau gyrfa newydd fel pobydd.

Ers ymddeol mae Wyn wedi aros yn Bolton. Mae'n honni nad yw'n ymddiddori yn y byd pêl-droed mwyach, ac mai pethau syml bywyd – fel mynd â'i gŵn am dro – sy'n mynd â'i fryd erbyn hyn. Er hynny, nid yw sgiliau Wyn wedi mynd yn angof. Pan oeddem yn ymweld â Newcastle yn ddiweddar roeddem yn torri ein syched mewn bar yng nghysgod Parc St James ac, wedi clywed ein hacenion Cymreig, gofynnodd y barman wrthym a oeddem yn hanu o Gaernarfon. Wedi i mi egluro fod ambell i Gofi yn ein plith, dywedodd y barman mai Wyn Davies oedd yr ymosodwr gorau iddo'i weld erioed mewn crys du a gwyn Newcastle, ac o gofio rhai o'r cewri sydd wedi diddanu'r Gallowgate End, roedd hynny'n ddweud mawr.

© BBC

Dewi Bebb

Gêm i'r hwntw ydi rygbi, gyda'r gogleddwyr yn tueddu i ganolbwyntio ar y bêl gron, medden nhw, ond mae'r gogs wedi cynhyrchu ambell seren ym myd y bêl hirgron hefyd ac nid oes amheuaeth mai'r gorau o'r criw dethol hwn oedd Dewi Bebb.

Cafodd Dewi Iorwerth Ellis Bebb ei eni a'i fagu yng Ngwynedd yn fab i'r hanesydd Ambrose Bebb. Mynychodd Ysgol Friars ym Mangor lle roedd ei ddawn fel athletwr yn amlwg wrth iddo gipio Pencampwriaeth Ysgolion Cymru yn y naid hir a ras y 400m ym 1956.

Pan oedd yn fachgen ifanc ym Mangor bu'n chwarae dros glybiau rygbi Biwmares a Bae Colwyn, ond daeth ei gyfle i ddisgleirio wedi iddo adael yr ysgol a chael ei alw i wneud ei wasanaeth milwrol yn y Llynges Frenhinol. Pan oedd yn y Llynges dechreuodd Dewi ddisgleirio ar y cae i glwb rygbi Portsmouth a chafodd ei ddewis i chwarae dros XV y Llynges yn ogystal â thîm y Gwasanaethau Milwrol Unedig a oedd, ar y pryd, yn chwarae'n rheolaidd yn erbyn prif glybiau Lloegr a Chymru.

Wedi iddo orffen ei wasanaeth milwrol dychwelodd Dewi i Gymru ac i Goleg y Drindod, Caerfyrddin er mwyn dilyn cwrs hyfforddi fel athro. Pan oedd yn chwarae i'r coleg cafodd ei weld gan gyn-chwaraewr rhyngwladol Cymru, Haydn Mainwaring, a oedd hefyd wedi chwarae i'r Llynges, ac ef a awgrymodd wrth glwb Abertawe y dylent gael golwg ar y gogleddwr ifanc.

Chwaraeodd ei gêm gyntaf i dîm rygbi Abertawe yn erbyn Llanelli ar 11 Hydref 1958, ac wedi dim ond llond dwrn o gêmau dros y Gwynion roedd Dewi wedi gwneud digon o argraff ar ddewiswyr Undeb Rygbi Cymru i sicrhau ei le yn nhîm Cymru. Gwnaeth ei ymddangosiad cyntaf dros ei wlad ar yr asgell, a hynny yn erbyn yr hen elyn, Lloegr, ar Barc yr Arfau ym mis Ionawr 1959. Croesodd Dewi yn y gornel i sgorio unig gais y gêm wrth i Gymru ennill o bum pwynt i ddim.

Yn gwylio Cymru ar Barc yr Arfau am y tro cyntaf y diwrnod hwnnw yr oedd un o gewri'r dyfodol, Gareth Edwards, ac roedd gweld Dewi'n sgorio cais yn ei gêm gyntaf wedi gadael ei farc ar y bachgen ifanc. 'Rwy'n cofio Dewi'n sgorio cais yn syth o 'mlaen i er mwyn selio'r fuddugoliaeth ac am flynyddoedd wedi hynny, pan oeddwn yn chwarae rygbi â'r bechgyn, roeddwn i eisiau bod fel Dewi,' meddai Edwards. 'Er i mi chwarae dros Gaerdydd, roeddwn yn dilyn ei yrfa ag Abertawe, Cymru a'r Llewod â diddordeb mawr – roedd sgorio 11 cais mewn 34 gêm yn gamp anhygoel.' Oedd yn wir, roedd y gòg wedi cyrraedd!

Yn ogystal â'r cais a sgoriodd ar ei ymddangosiad cyntaf, bu Dewi'n llwyddiannus tu hwnt wrth chwarae'n erbyn y Saeson, gan sgorio chwe chais yn eu herbyn yn ystod ei yrfa ryngwladol. Wedi iddo ennill 16 cap cafodd ei ddewis i deithio i Dde Affrica gyda'r Llewod ym 1962. Llwyddodd i ennill dau gap yn y ddwy gêm Brawf agoriadol, ond wedi i'r Llewod golli'r ddwy gêm collodd Dewi ei le yn y tîm ar gyfer y Prawf olaf.

Bedair blynedd yn ddiweddarach llwyddodd i anghofio siom De Affrica wrth iddo groesi am y nifer fwyaf o geisiau ar y daith i Seland Newydd ac Awstralia. Casglodd chwe chap bryd hynny – pedwar yn erbyn y Crysau Duon a dau yn erbyn Awstralia – a llwyddodd i groesi am gais yn y Prawf yn erbyn Awstralia wrth i'r Llewod sicrhau buddugoliaeth gyfforddus o 31 pwynt i ddim yn Brisbane.

Ar ôl gadael Coleg y Drindod cafodd Dewi le ar flwyddyn o gwrs hyfforddi ar gyfer athrawon ymarfer corff yng Ngholeg Cyncoed,

Caerdydd. Roedd Coleg Cyncoed yn enwog am feithrin arwyr campau Cymru, gyda Lynn Davies, Gareth Edwards a J. J. Williams ymysg y nifer fawr o fyfyrwyr y coleg a ddilynodd yn ôl troed Dewi a mynd ymlaen i wneud argraff yn y byd chwaraeon.

Er iddo astudio yn y brifddinas a sicrhau ei swydd gyntaf fel athro yng Nghaerdydd, arhosodd Dewi'n ffyddlon i glwb Abertawe a hynny er gwaethaf y diffyg llwyddiant yn Sain Helen. Roedd Dewi yn awyddus i ddangos ei werthfawrogiad i'r clwb am roi'r cyfle iddo ddisgleirio ar y lefel uchaf yn y lle cyntaf. Yn ogystal â chael y fraint o arwain y Gwynion am ddwy flynedd, roedd hefyd yn aelod o'r tîm a greodd hanes wrth iddynt drechu Awstralia, a oedd ar daith o amgylch Ynysoedd Prydain, o naw pwynt i wyth ym 1966.

Ym 1964, gadawodd Dewi y byd addysg er mwyn cymryd swydd â chwmni teledu annibynnol TWW, ac yna HTV, fel newyddiadurwr ar brif raglen newyddion Cymraeg y sianel, *Y Dydd*. Ym 1968, cafodd *Y Dydd* sgŵp enfawr – y stori bod asgellwr Cymru'n ymddeol o'r gamp wrth i Dewi ddewis cyhoeddi i'r genedl ei fod yn dod â'i yrfa rygbi i ben ar y rhaglen yr oedd yn ohebydd arni!

Yn ôl Dewi, wedi sesiwn ymarfer gyntaf y tymor i'r Gwynion, sylweddolodd nad oedd yn edrych ymlaen at yr holl waith caled a oedd o'i flaen am naw mis nesaf y tymor. Roedd hynny'n arwyddocaol iddo – os nad oedd yn mwynhau ymarfer a chwarae'r gamp mwyach, roedd hi'n bryd rhoi'r ffidil yn y to.

Parhaodd i ymddiddori yn y gamp, ac wedi iddo adael rhaglen *Y Dydd* a dod yn aelod o adran chwaraeon HTV bu'n un o'u gohebyddion ar daith lwyddiannus y Llewod i Seland Newydd ym 1971. Dioddefodd Dewi o gancr a bu farw'n frawychus o ifanc ar 14 Mawrth 1996 yn 57 mlwydd oed, gan adael gweddw a dau o blant.

Joey Jones

Mae'n debyg mai Joey Jones fyddai'r cyntaf i gyfaddef nad ef oedd y chwaraewr mwyaf athrylithgar i ennill cap dros Gymru, ond mae ei enw'n sicr o gael ei grybwyll fel un o chwaraewyr gorau ein gwlad gan genhedlaeth o gefnogwyr a oedd yn ddigon ffodus i'w wylio'n chwarae dros Wrecsam, Lerpwl a Chymru.

Roedd Joey'n arwr i gefnogwyr pob un o'r clybiau a gynrychiolodd yn ystod ei yrfa, a hynny am ei fod yn chwarae pêl-droed o'r galon, gan roi 100% ym mhob eiliad o bob gêm. Llwyddodd i ennill gwobrau lu yn y gamp, yn ogystal â chael y fraint o fod y Cymro cyntaf erioed i godi Cwpan Ewrop pan oedd yn aelod allweddol o dîm Lerpwl wrth iddynt drechu Borussia Mönchengladbach yn Rhufain ym 1977.

Magwyd Joey ar stad o dai cyngor yn Llandudno, ac mae'n dweud iddo fod yn dipyn o ddihiryn yn ei ddydd. Er hynny, ei freuddwyd oedd llwyddo fel pêl-droediwr proffesiynol, a llwyddodd i osgoi cael ei hun i drafferthion gyda'r heddlu wrth ymuno â chlwb Llandudno Swifts.

Roedd rheolwr y Swifts wedi erfyn ar Joey i ymuno â'r clwb oherwydd 'fod y gôl-geidwad yn warthus rhwng y pyst'. Cytunodd Joey, a bu'n chwarae i'r clwb am sawl tymor gyda'r gôl-geidwad gwarthus hwnnw. Neville Southall oedd ei enw, un a aeth ymlaen i ennill llu o wobrau ac i fwynhau gyrfa ddisglair yn chwarae dros Gymru ac Everton!

Er fod Joey'n Gymro i'r carn, roedd ei fam yn hanu o Lerpwl ac, ynghyd â nifer o Sgowsars eraill a oedd yn byw ar y stad yn Llandudno, teithiai Joey yn aml i Anfield i wylio tîm pêl-droed Lerpwl. Fodd bynnag, gyda Gareth Davies – a fagwyd ar yr un stad â Joey – yn gapten ar glwb pêl-droed Wrecsam, roedd gan nifer o fechgyn Llandudno hefyd ddiddordeb yn yr hyn oedd yn digwydd ar y Cae Ras.

Pan oedd yn yr ysgol cafodd Joey ei ddewis i chwarae dros dîm ysgolion Gogledd Cymru, ynghyd â dau chwaraewr arall a fyddai hefyd yn cynrychioli Wrecsam a Chymru, sef Mickey Thomas ac Eddie Niedzwiecki.

Er fod Mickey'n gefnogwr Everton a Joey'n cefnogi eu gelynion pennaf, Lerpwl, yn frwd, daeth y ddau yn ffrindiau mawr wrth iddynt fynd i dreialon yn Wrecsam. Yn 15 mlwydd oed, ymunodd y ddau â'r clwb ar brentisiaeth tair blynedd. Er eu bod ill dau wedi gwireddu breuddwyd wrth ymuno â chlwb pêl-droed proffesiynol, dim ond crafu bywoliaeth a wnaethant yno, a chyfaddefai Joey nad oedd yn mwynhau bod yn bêl-droediwr bryd hynny. Wedi talu £5 am eu llety ym Mharc Borras, dim ond £3 oedd yn weddill i'r ddau fyw arno am yr wythnos a daeth Joey o fewn trwch blewyn i roi'r gorau i'r cwbl a dychwelyd i Landudno.

Gweddnewidiwyd ei fywyd ym 1972, pan oedd yn 17 mlwydd oed, wedi i'r rheolwr, John Neal, ei ddewis i wneud ei ymddangosiad cyntaf i'r tîm cyntaf, a hynny mewn gêm yn erbyn Caer. Er i Wrecsam golli'r gêm o un gôl i ddim, llwyddodd Joey i sefydlu ei hun yn y tîm cyntaf a hawlio safle'r cefnwr de. Roedd yn rhan allweddol o'r tîm a gyrhaeddodd rownd yr wyth olaf yng Nghwpan FA Lloegr am y tro cyntaf yn hanes y clwb ym 1973/4 wedi iddynt drechu Crystal Palace a Middlesbrough o'r Ail Adran a Southampton o'r Adran Gyntaf cyn colli yn erbyn Burnley.

Cipiodd Joey ei fedal gyntaf ym 1975 wrth i Wrecsam drechu Caerdydd yn rownd derfynol Cwpan Cymru, ond cyn iddo allu chwarae yn Ewrop gyda Wrecsam cafodd ei werthu i Lerpwl, y clwb yr oedd wedi ei gefnogi fel bachgen ysgol yn Llandudno, am £110,000.

Yn ogystal ag ymuno ag un o glybiau pêl-droed mwyaf y byd a symud i fyw i'r Wirral, daeth tro arall ar fyd wrth i Joey briodi ei gariad, Janice Griffiths, ym mis Mehefin 1976. Roedd y ddau wedi cyfarfod wedi i Joey fod yn byw gydag ewythr a modryb Janice yn Wrecsam, ond bu bron i'r berthynas chwalu wedi'r dêt cyntaf. Roedd Joey wedi trefnu mynd â Janice i'r pictiwrs, ond roedd yn brin o arian ac wedi i Janice gamu oddi ar y bws yng nghanol Wrecsam dywedodd Joey wrthi fod y clwb yn mynnu nad oedd i aros allan yn hwyr. Trodd Janice ar ei sawdl a chamu'n syth yn ôl ar y bws i Wersyllt!

Wedi 12 ymddangosiad i dîm cyntaf Lerpwl collodd Joey ei le i Tommy Smith, ond parhaodd i fod yn aelod allweddol o'r ail dîm a gipiodd cynghrair yr ail-dimau.

Llwyddodd i adennill ei le yn y tîm cyntaf y tymor canlynol, gan fethu tair gêm yn unig wrth i Lerpwl gipio'r gynghrair, cyrraedd rownd derfynol Cwpan FA Lloegr a chipio Cwpan Pencampwyr Ewrop yn erbyn Borussia Monchengladbach. Sicrhaodd Joey ei le fel arwr y 'Kop' yn Anfield y tymor hwnnw wrth iddo fynnu rhedeg hyd y cae i ddathlu o'u blaenau ar ôl sgorio un o'i goliau prin ym mhen arall y cae!

Wrth gerdded allan ar y cae yn Rhufain ar gyfer rownd derfynol Cwpan y Pencampwyr, roedd môr o goch yn disgwyl chwaraewyr Lerpwl. 'Roedd un neu ddwy o faneri yn Wembley [ar gyfer rownd derfynol Cwpan FA Lloegr] wedi gwneud i mi chwerthin,' meddai Joey, 'ond wrth gerdded allan yn Rhufain roedd un baner arbennig yn gwneud i mi deimlo mor falch.' Y faner a roddodd hwb i galon Joey oedd un 24 troedfedd o hyd yn clodfori buddugoliaethau Lerpwl yn erbyn FC Zurich a St Etienne. Cariai'r faner y geiriau bythgofiadwy: 'Joey ate the Frogs' Legs, Made the Swiss Roll. Now he's Munching-Gladbach.'

Pan oedd yn chwarae i Lerpwl, enillodd Joey'r cyntaf o'i 72 cap dros Gymru yn y fuddugoliaeth o un gôl i ddim dros Awstria ym

Mhencampwriaethau Ewrop ar y Cae Ras. Roedd ei gymeriad a'i synnwyr digrifwch yn gaffaeliad i'r Cymry a daeth hynny i'r amlwg mewn cyfweliad enwog wedi i Gymru herio'r Undeb Sofietaidd yn Tblisi ym 1981. Ar ôl gêm gyfartal ddi-sgôr yn erbyn yr USSR yn Wrecsam, a Joey wedi llwyr reoli'r amddiffyn i Gymru, cafodd ei droi y tu chwith allan gan Oleg Blokhin, Chwaraewr Ewropeaidd y Flwyddyn, yn Tblisi a threchwyd Cymru o dair gôl i ddim. Chwarddodd Joey: 'Wedi'r gêm yn Wrecsam cefais *samovar* gan y Rwsiaid am fod yn chwaraewr gorau'r gêm, ond heno cefais Oleg Blokhin. Fyddwn i ddim wedi gallu ei ddal o pe bai Mike England [rheolwr Cymru] wedi fy rhoi i ar gefn motobeic!'

Ym mis Hydref 1978, wedi i Wrecsam ennill dyrchafiad i'r Ail Adran, symudodd Joey yn ei ôl i'r Cae Ras am £210,000, ond disgynnodd Wrecsam yn ôl i'r Drydedd Adran ym 1982, a chyda'i le yn nhîm rhyngwladol Cymru dan fygythiad, ymunodd Joey â'i gyn-reolwr, John Neal, yn Chelsea.

Roedd ei ddau gyfaill, Mickey Thomas ac Eddie Niedzwiecki, yn disgwyl amdano yn Stamford Bridge. Roedd Joey a Mickey yn teithio i Lundain bob dydd o ogledd Cymru, a llwyddasant i helpu Chelsea i esgyn i'r Adran Gyntaf, ond yn anffodus i Joey ni chafodd gyfle i brofi'i hun yn y brif adran a gadawodd Chelsea i ymuno â Huddersfield Town.

Chwaraeodd i'r Terriers am ddwy flynedd cyn dychwelyd i'r Cae Ras am y trydydd tro, ac yn ei dymor cyntaf yn ôl llwyddodd Wrecsam i gyrraedd rownd derfynol gêmau ailgyfle'r Bedwaredd Adran cyn colli yn erbyn Leyton Orient.

Ym 1989 cafodd Joey ei benodi'n chwaraewr/hyfforddwr i'r rheolwr newydd, Brian Flynn, ac ym 1992, ac yntau'n 37 mlwydd oed, penderfynodd ymddeol o chwarae pêl-droed er mwyn canolbwyntio ar ei yrfa fel hyfforddwr.

Treuliodd Joey 12 mlynedd yn rhan o dîm hyfforddi Brian Flynn ar y Cae Ras, ac wedi i Flynn a'i is-reolwr, Kevin Reeves, gael eu diswyddo gan y clwb yn 2001 cafodd Joey y cyfrifoldeb o edrych ar ôl y tîm cyntaf am dair gêm tan i Dennis Smith gael ei benodi'n rheolwr newydd yno. Roedd Smith yn awyddus i Joey fod yn is-reolwr, ond gwrthododd Joey'r cynnig am ddau reswm – roedd eisiau bod yn ffyddlon i Flynn a Reeves ond roedd hefyd yn dioddef ychydig yn sgil ei iechyd.

Cafodd fraw enfawr ym mis Mai 2002 pan fu'n rhaid iddo gael llawdriniaeth frys oherwydd bod ei galon wedi chwyddo. Treuliodd fis yn Ysbyty Broadgreen yn Lerpwl, ond cyn pen dim roedd yn ôl ar y Cae Ras yn ceisio adennill ei ffitrwydd, ac erbyn dechrau'r tymor canlynol roedd wedi cymryd yr awenau ag ail dîm Wrecsam. Er nad yw'n ymwneud â'r tîm cyntaf erbyn hyn, mae Joey Jones yn dal i fod yn wyneb cyfarwydd o gwmpas y Cae Ras ar ddyddiau gêmau cartref, a byddai pob cefnogwr Wrecsam yn cytuno y byddai'n chwith iawn yno heb ei bresenoldeb.

© *Empics*

Wilf Wooller

Mae Wilf Wooller yn un o'r Cymry prin hynny a ragorodd ar y lefel uchaf mewn mwy nag un gamp. Roedd yn gapten ar dîm criced Morgannwg am 14 mlynedd, cafodd y fraint o wisgo crys coch tîm rygbi cenedlaethol Cymru ar 18 achlysur, chwaraeodd bêl-droed i Gaerdydd, ac fe gynrychiolodd ei wlad yn chwarae sboncen. Ac fel pe na bai hynny'n ddigon, roedd yn dipyn o chwaraewr bowls yn ei henaint hefyd!

Cafodd Wilfred ei eni yn Llandrillo-yn-Rhos ar 20 Tachwedd 1912. Roedd ei dad yn ŵr busnes llewyrchus a oedd wedi symud i ogledd Cymru o Fanceinion, ac er mai Saeson oedd ei rieni ni fyddai unrhyw un yn ymwybodol o hynny wrth siarad â Wilf, gymaint oedd ei deyrngarwch i Gymru.

Gwnaeth ei farc pan oedd yn ddisgybl yn Ysgol Rydal, Bae Colwyn wrth iddo chwarae criced i ail dîm Sir Gaerloyw yn ogystal â chwarae rygbi i glwb Sale dros y ffin yn Lloegr. Wedi treialon llwyddiannus yng Nghaerdydd cafodd ei alw i chwarae fel canolwr dros dîm rygbi Cymru yn erbyn Lloegr. Roedd Wilf yn 20 mlwydd oed erbyn hyn, ond yr oedd yn parhau i fod yn ddisgybl chweched dosbarth yn yr ysgol fonedd, a hynny oherwydd iddo fethu â sicrhau lle ym Mhrifysgol Caergrawnt.

Yn ôl un stori, honnir i Wilf gael cyngor i geisio am le yng Ngholeg yr Iesu, Caergrawnt, a chan ei fod gystal chwaraewr rygbi a chriced fe'i sicrhawyd y byddai'n cael ei dderbyn yno heb fawr o drafferth. Yn anffodus i Wilf, gwrthodwyd ei gais am iddo ysgrifennu at Jesus College gan sillafu 'Jesus' â 'G'!

Llwyddodd Cymru i ennill yn Twickenham am y tro cyntaf yn eu hanes ym 1933 a chadwodd Wilf ei le yn y tîm ar gyfer y ddwy gêm nesaf yn erbyn yr Alban ac Iwerddon. Erbyn 1934 roedd wedi cael lle yng Ngholeg Crist Caergrawnt, ond ni chafodd ei ddewis ar gyfer gêmau'r Pedair Gwlad. Er hynny llwyddodd i ennill *blue* â thîm rygbi'r Brifysgol wrth iddo gynrychioli XV Prifysgol Caergrawnt yn erbyn eu cyfoedion o Rydychen.

Ailenillodd ei le yn nhîm Cymru ar gyfer tymor 1935 gan chwarae rhan allweddol wrth i Gymru drechu Seland Newydd ar Barc yr Arfau, Caerdydd. Gyda chwe munud yn weddill, carlamodd Wilf trwy fwlch yn amddiffyn y Crysau Duon a chicio'r bêl dros ben y cefnwr, ond wrth iddo geisio casglu'r bêl a sgorio cais, tasgodd y bêl yn erbyn y llawr ac yn ôl dros ei ben. Wrth i Wilf orwedd yn ddiymadferth ar ochr y cae clywodd floedd y dorf wrth i Geoffrey Jones, a oedd yn ei ddilyn, gasglu'r bêl a sgorio'i ail gais er mwyn selio'r fuddugoliaeth 13 pwynt i 12.

Yn yr un tymor, llwyddodd Wilf i ennill dau *blue* am chwarae criced yn ogystal â rygbi, ond er iddo gael gwahoddiad methodd â chwarae criced dros Forgannwg yn ystod ei wyliau haf gan iddo dderbyn swydd â chwmni glo a olygai fod yn rhaid iddo weithio.

Ym 1937 cafodd ei benodi'n gapten tîm rygbi Cymru ar gyfer y gêm yn erbyn Iwerddon, a llwyddodd i wneud ei ymddangosiad cyntaf i Forgannwg ym Mhencampwriaethau'r Siroedd ym 1938. Gwnaeth argraff o'r cychwyn wrth iddo gymryd pum wiced am 90 rhediad yn erbyn Swydd Efrog, ac yna ym 1939 llwyddodd i daro sgôr o dros gant o rediadau yn erbyn India'r Gorllewin. Roedd eisoes wedi ennill tri chap arall dros dîm rygbi Cymru fel capten yn gynharach y flwyddyn honno, ac yna cafodd ei arwyddo gan reolwr newydd clwb pêl-droed Caerdydd, Cyril Spiers, i chwarae fel ymosodwr i glwb y brifddinas.

Dim ond ychydig o gêmau a gafodd Wilf i'r Adar Gleision cyn

iddo gael ei anfon dramor gyda'r fyddin yn ystod yr Ail Ryfel Byd. Llwyddodd i sgorio tri chais i Fyddin Prydain yn erbyn Ffrainc ar y Parc des Princes ym 1940, ond ym 1942 cafodd Wilf a'i gatrawd eu dal gan fyddin Siapan yn Java, Indonesia a threuliodd weddill y rhyfel fel carcharor rhyfel yn Changi, Singapore. Cyn y rhyfel, rygbi oedd cariad cyntaf Wilf Wooller ond bu'n rhaid iddo roi'r gorau i'r gêm wedi iddo ddychwelyd o'r Dwyrain Pell, ac yntau mewn cyflwr truenus yn gorfforol ac yn feddyliol.

Dechreuodd ganolbwyntio o ddifrif ar ei griced am y tro cyntaf pan oedd yn 34 mlwydd oed, ac wedi tymor cymharol lwyddiannus ym 1946 cafodd ei benodi'n gapten Morgannwg ym 1947. Yn ogystal â chymryd rôl y capten, cafodd Wilf ei benodi'n ysgrifennydd – cyfrifoldeb y byddai'n ei gadw am dri degawd.

Gyda chymysgedd o dalent ifanc, lleol ac ambell chwaraewr newydd o siroedd eraill, arweiniodd Wilf Forgannwg i gipio'r Bencampwriaeth am y tro cyntaf yn eu hanes ym 1948. Roedd ei ddyddiau yn y fyddin wedi sicrhau ei fod yn hynod drylwyr yn ei baratoadau, a dangosodd Morgannwg agwedd broffesiynol dros ben ar eu taith i'r brig.

Er i Forgannwg fod yn llwyddiannus tu hwnt gyda Wilf wrth y llyw, ni chwaraeodd y capten mewn gêm Brawf i Loegr. Cafodd gyfle i deithio i Dde Affrica ym 1948/9 fel is-gapten a chafodd gynnig y gapteiniaeth ar gyfer y daith i India ym 1951/2, ond gwrthododd yr alwad oherwydd gofynion ei fusnes. Er hyn, cafodd Wilf ei benodi'n ddewiswr timau Prawf rhwng 1955 a 1961 a dechreuodd ysgrifennu colofn reolaidd yn y *Sunday Telegraph* yn ogystal â gweithio i'r BBC.

Roedd Wilf yn gymeriad a hanner ac yn adnabyddus drwy'r byd criced am ei sylwadau diflewyn-ar-dafod. Roedd yn un o gefnogwr brwd yr ymgyrch i gadw'r cysylltiadau chwaraeon â De Affrica trwy gydol blynyddoedd apartheid. Roedd hefyd yn enwog am fytheirio'i wrthwynebwyr ar y llain griced, gan ladd ar bob bowliwr a wynebai. Ar un achlysur yn Abertawe llwyddodd i gorddi pob chwaraewr a swyddog yn nhîm Gwlad yr Haf. Credai Wilf fod tactegau capten yr ymwelwyr, Brian Close, yn rhy negyddol – ac yn ystod batiad Gwlad yr Haf cyhoeddodd Wilf ar yr uchelseinydd fod Morgannwg yn fodlon rhoi'r tâl mynediad yn ôl i unrhyw un o'r dorf oedd wedi syrffedu ar dactegau'r ymwelwyr gymaint ag yr oedd ef wedi syrffedu arnynt!

Ym 1960 daeth â'i yrfa ar y maes i ben, ond parhaodd yn ei rôl weinyddol yng Ngerddi Soffia. Am bron i hanner canrif, Wilf Wooller *oedd* Clwb Criced Morgannwg wrth iddo gyflawni pob swyddogaeth yno – bu'n chwaraewr, yn gapten, yn ysgrifennydd, yn gadeirydd ac yna'n llywydd ar y clwb.

Ym 1969, wrth i Forgannwg gipio eu hail Bencampwriaeth, Wilf oedd yr ysgrifennydd a Tony Lewis, y gŵr yr oedd Wilf wedi ei gymryd o dan ei adain, oedd yn gapten ar y tîm.

Wedi iddo ymddeol, torrodd Wilf bob cysylltiad â Morgannwg, a bu'n llym iawn ei feirniadaeth wrth iddo'u gwylio yn dioddef tymor ar ôl tymor o siomedigaethau. Yn anffodus, bu farw Wilf ym mis Mawrth 1997, chwe mis yn unig cyn i Matthew Maynard arwain Morgannwg i hawlio eu trydydd Pencampwriaeth.

Nid anghofiwyd y gŵr a fu'n rhan mor allweddol o hanes y tîm, ac yn ystod gêm agoriadol Pencampwriaeth 2001 dadorchuddiwyd clwydi hardd ger y fynedfa i Erddi Soffia er cof amdano.

© Empics

Billy Meredith

Disgrifiwyd Billy Meredith ar sawl achlysur fel seren gyntaf y byd pêl-droed, ac yn sicr roedd y gŵr o'r Waun yn un o gewri byd y bêl gron yng Nghymru.

Llwyddodd i ennill 48 cap dros Gymru mewn cyfnod pan nad oedd Pencampwriaethau'r Byd a Phencampwriaethau Ewrop yn bodoli, a byddai wedi ennill hyd yn oed fwy o gapiau petai wedi cael caniatâd ei glybiau Seisnig i chwarae dros Gymru bob tro y cafodd ei ddewis.

Ganed William Henry Meredith, yr ieuengaf o 10 o blant, ym mhentref Parc Du ger y Waun ym 1874. Roedd pêl-droed yn prysur gydio yn nychymyg plant y Waun ac roedd y diolch am hynny i athro yn Ysgol Gynradd y Waun, Thomas E. Thomas, un o arloeswyr y Gymdeithas Bêl-droed yng Nghymru.

Rhwng 1887 a 1894 llwyddodd tîm pêl-droed y Waun i gipio Cwpan Cymru ar bump achlysur. Yn ystod 25 mlynedd cyntaf pêl-droed rhyngwladol Cymru daeth 20 chwaraewr o bentref y Waun, gan gynnwys brawd Billy, Samuel, a oedd yn ennill ei fywoliaeth gyda chlybiau Stoke City a Leyton Orient.

Wedi iddo adael yr ysgol yn 12 mlwydd oed, aeth Billy i weithio ym mhwll glo'r Parc Du, ble'r edrychai ar ôl y merlod. Treuliai ei amser hamdden yn chwarae pêl-droed a'i uchelgais bryd hynny oedd dilyn yn ôl traed ei dad a'i frawd Elias, a bod yn beiriannydd. Yn ffodus i Gymru, nid felly y bu pethau, a llwyddodd Billy i ennill ei

23

gyflog ar gae pêl-droed.

Wedi rhai gêmau i ail dîm Wrecsam ymunodd Billy â chlwb Northwich Victoria yn y Gynghrair Bêl-droed ym 1894, gan chwarae llond dwrn o gêmau i'r clwb. Roedd yn dal i chwarae i'r Waun, a llwyddodd i ennill Cwpan Cymru gyda'r clwb ym 1894, ond wedi i'r Vics orffen ar waelod yr Ail Adran cafodd Billy gynnig i ymuno'n llawn-amser â chlwb Manchester City.

Bu'n rhaid i'r clwb o Fanceinion fod yn amyneddgar iawn yn ystod eu trafodaethau â Billy, gan nad oedd y Cymro yn hoffi'r syniad o symud i ddinas estron, ond wedi cryn ddyfalbarhad llwyddodd y clwb i sicrhau ei lofnod.

Chwaraeodd ei gêm gyntaf i'r clwb yn erbyn Newcastle United ym mis Hydref 1894. Roedd yn gyfnod da i Manchester City, a dyrchafwyd y clwb o'r Ail Adran ym 1895/6 wrth iddynt orffen yn ail y tu ôl i Lerpwl. Er mai asgellwr oedd Billy, llwyddai i rwydo cryn dipyn o goliau. Ym 1898/9, sgoriodd gymaint â 36 gôl mewn 33 gêm. Serch hynny, nid oedd ei ddyddiau gyda'r clwb yn fêl i gyd. Erbyn tymor 1901/2 roedd y clwb yn siomedig tu hwnt wrth iddynt ddisgyn yn ôl i'r Ail Adran.

Cafwyd tymor gwell y flwyddyn ganlynol wrth i'r clwb gipio Pencampwriaeth yr Ail Adran ac esgyn yn ôl i'r Adran Gyntaf ar eu hunion. Ym 1904 creodd Billy ychydig o hanes wrth iddo sicrhau ei le fel y chwaraewr cyntaf erioed i ennill medal enillwyr Cwpan Cymru a Chwpan Lloegr. Rhwydodd y Cymro unig gôl y gêm wrth i Manchester City drechu Bolton Wanderers yn rownd derfynol Cwpan Lloegr o flaen torf o dros 61,000 yn Crystal Palace.

Ym 1905 rhwygodd sgandal ysgytwol trwy'r byd pêl-droed wrth i 17 o chwaraewyr Manchester City, a Billy yn eu plith, gael eu gwahardd am 18 mis am geisio llwgrwobrwyo chwaraewyr Aston Villa. Roedd Billy'n gandryll gan ei fod yn credu i'r chwaraewyr – a oedd ar gyflogau isel iawn –- gael eu trin yn warthus, ac wedi i'r chwaraewyr gicio'u sodlau am flwyddyn a hanner dychwelodd Billy i'r Adran Gyntaf, nid yng nghrys glas Manchester City y tro hwn ond yng nghrys coch Manchester United.

Roedd 1907/8 yn dymor gwych i'r Cymro wrth iddo chwarae rhan allweddol yn llwyddiant ei glwb newydd. Chwaraeodd ym mhob gêm ond un wrth iddynt gipio'r bencampwriaeth am y tro cyntaf yn eu hanes, a'r flwyddyn ganlynol roedd yn aelod o'r tîm a drechodd Bristol City wrth i'r clwb ddathlu symud i'w cartref newydd yn Old Trafford gyda buddugoliaeth yn rownd derfynol Cwpan Lloegr.

Cafodd Billy lwyddiant ar lefel ryngwladol hefyd wrth iddo arwain Cymru i'w buddugoliaeth gyntaf erioed ym Mhencampwriaeth y Pedair Gwlad. Sgoriodd Billy gôl wrth i Gymru drechu Iwerddon dair gôl i ddwy yn Belfast, ac wedi buddugoliaeth o un gôl i ddim dros yr Alban ar y Cae Ras, Wrecsam, seliwyd y bencampwriaeth gyda gêm gyfartal un gôl yr un yn erbyn Lloegr yn Craven Cottage, Llundain.

Flynyddoedd maith cyn i Ryan Giggs a David Beckham roi eu henwau ar ddillad a nwyddau pêl-droed, roedd Billy'n gwerthu peli ac esgidiau pêl-droed Meredith o'i siop chwaraeon yng nghanol Manceinion.

Gwnaeth Billy gyfraniad enfawr i amodau chwaraewyr pêl-droed Lloegr wrth iddo helpu i ailsefydlu Cymdeithas y Chwaraewyr Pêl-droed Proffesiynol (PFA). Mae rhai yn tybio mai yn sgil ei gefndir sosialaidd yn y pyllau glo y cadeiriodd y cyfarfod cyntaf yng Ngwesty'r Imperial, Manceinion, ond cred eraill mai'r ffordd y cafodd ei drin wedi'r gwaharddiad 18-mis oedd y prif ysgogiad iddo yn hyn o beth.

Roedd y corff newydd eisiau sefydlu cronfa bensiwn ac yswiriant rhag anafiadau, ac yr oeddent hefyd yn cefnogi'r syniad o ddileu'r uchafswm cyflog, ond roedd y Gymdeithas Bêl-droed yn elyniaethus, ac wedi dwy flynedd o ddioddef yr undeb chwaraewyr cafodd y Gymdeithas Bêl-droed lond bol. Gorchmynnwyd pob chwaraewr i ymddiswyddo o'r undeb neu wynebu gwaharddiad oes.

Gwrthododd Meredith a'i gyd-chwaraewyr ym Manchester United ag ymddiswyddo a gorfodwyd y clwb i wrthod eu cyflogi. Ond, gyda'r Gymdeithas Bêl-droed yn wynebu streic genedlaethol gan y chwaraewyr a oedd yn cefnogi safiad chwaraewyr United, bu'n rhaid i'r Gymdeithas ildio a chaniatáu i'r undeb barhau.

Llwyddodd Meredith i dreulio bron i 30 mlynedd yn chwarae ar y lefel uchaf, gan gynnwys dros gant o gêmau fel 'gwestai' i Manchester City yn ystod y Rhyfel Byd Cyntaf pan oedd yn rhy hen i ymuno â'r fyddin.

Wedi'r rhyfel parhaodd Billy i ymarfer yn galed, ac ym 1920 sefydlodd record fel y gŵr hynaf erioed i gynrychioli Cymru – record sy'n parhau hyd heddiw. Yn 45 mlwydd ac 8 mis oed arweiniodd Gymru i'w hail fuddugoliaeth erioed ym Mhencampwriaeth y Pedair Gwlad a'u buddugoliaeth gyntaf dros Loegr er 1881.

Ym 1921, ailymunodd Billy â Manchester City, a threuliodd dair blynedd hapus â'r clwb cyn ymddeol o'r gêm yn 50 mlwydd oed. Mewn gyrfa a barodd dros 30 mlynedd, chwaraeodd Billy dros 700 o gêmau clwb gan sgorio bron i 200 o goliau. Cynrychiolodd ei wlad ar 48 achlysur, yn ogystal â dwy gêm answyddogol i ddathlu diwedd y Rhyfel Byd Cyntaf, gan rwydo 10 o goliau rhyngwladol.

Ym 1931 dychwelodd Billy i Old Trafford er mwyn derbyn swydd hyfforddi gyda Manchester United ond â'r clwb yn profi cyfnod llwm yn yr Ail Adran buan y gadawodd er mwyn cadw tafarn ym Manceinion. Bu farw yn Ysbyty Withington ym 1958 yn 83 mlwydd oed.

Roedd cyfraniad Billy Meredith i'r gêm bêl-droed yng Nghymru a thu hwnt yn ystod blynyddoedd cynnar y gamp yn amhrisiadwy, ac mae'r ffaith ei fod wedi chwarae ar y lefel uchaf am dri degawd a mwy yn destament i'w athrylith fel pêl-droediwr.

Tom Pryce

Fel gwlad fechan sy'n eilunaddoli ei harwyr chwaraeon, roedd Cymru'n hynod falch o'r gyrrwr Fformiwla Un, Tom Pryce, ond yn anffodus nid yw'r llyfrau hanes yn gwneud cyfiawnder â'i dalent. Un fuddugoliaeth Grand Prix yn unig a welir gyferbyn ag enw'r Cymro ymysg yr holl ystadegau am ei yrfa, ond credai nifer fod ganddo'r gallu a'r ymroddiad i fod yn bencampwr byd cyn ei farwolaeth ddisymwth yn 27 mlwydd oed.

Ganed Thomas Maldwyn Pryce ar 11 Mehefin 1949 yn fab i John a Gwyneth, a chan fod John yn blismon bu'r teulu ar bererindod o amgylch Sir Ddinbych cyn ymgartrefu ger Rhuthun. Fe'i magwyd ar aelwyd Gymraeg, ac er mai fel Tom Pryce y daeth yn enwog, fel Maldwyn y câi ei adnabod gan ei deulu a'i ffrindiau agos.

Roedd Tom wedi gwirioni ar geir ers pan oedd yn fachgen ifanc, a'r eiliad yr oedd yn ddigon hen i fod yn berchen ar drwydded yrru prynodd fan Mini lwyd; roedd y fan fach yn adnabyddus ar hyd a lled Sir Ddinbych fel cerbyd a oedd â dau gyflymder – *flat-out* neu stop!

Wedi iddo dreulio cyfnod mewn ysgol rasio ym 1970, enillodd Tom gyfres o rasys Formula Ford a drefnwyd gan bapur newydd y *Daily Express*, a'i wobr am ennill y gyfres oedd car Lola FF1600. Er mwyn dilyn ei freuddwyd o gystadlu ym myd Fformiwla Un, bu'n rhaid i Tom adael ei gynefin a symud i Gaint a thrac enwog Brands Hatch. Cafodd swydd fel mecanic yno, gan ennill £15 yr wythnos, ac ar yr un pryd yr oedd yn rasio'r Lola ac yn esgyn yr ysgol rasio ceir.

Cymerodd ran yng nghystadlaethau'r cyfresi Super Vee, F100, F5500 ac, wedi iddo ddechrau gwneud enw iddo'i hun, cafodd gyfle i rasio yng nghyfres Fformiwla Tri.

Daeth ei dymor Fformiwla Tri i ben yn gynnar ym 1973 wedi damwain ym Monaco lle torrodd ei goes wrth iddo gael ei daflu allan o'i gar a thrwy ffenest siop. Fodd bynnag, daeth newyddion da yn fuan wedi hynny wrth i Tom gael ei ddewis i rasio ceir i dîm Fformiwla Dau Ron Dennis, Motul Rondel Racing.

Wedi tymor llwyddiannus yn rasio Fformiwla Dau, edrychai'r dyfodol yn addawol i Tom wrth i Dennis a'i bartner, Neil Trundle, gomisiynu car newydd ar gyfer tymor Fformiwla Un 1974. Yn anffodus, wedi i gwmni olew Motul dynnu'n ôl o noddi'r tîm oherwydd yr argyfwng olew ym 1973, bu'n rhaid i'r ddau werthu'r car i wŷr busnes o'r enw Tony Vlassopoulo a Ken Grob oedd wedi sefydlu tîm bychan Token F1.

Credai Tom fod ei gyfle i rasio Fformiwla Un wedi diflannu, ond fe'i synnwyd pan gafodd wahoddiad i ymuno â Token. Cafodd ei ras gyntaf yn y car newydd ar drac Nivelles-Baullers yng Ngwlad Belg ym 1974 ond methodd â gorffen y ras wrth iddo orfod ildio wedi 66 lap yn dilyn damwain â Jody Scheckter.

Symudodd y syrcas Fformiwla Un ymlaen i Monaco, ond gwrthodwyd cais Tom i rasio ar y trac enwog o gwmpas strydoedd Monte Carlo oherwydd ei ddiffyg profiad, felly derbyniodd gynnig gan dîm Ippocampos Racing i gystadlu yn y ras Fformiwla Tri. Ddeg diwrnod cyn i Jackie Stewart ennill y ras Fformiwla Un gyfatebol, gwibiodd Tom Pryce trwy Casino Square, heibio i'r Hotel Metropole a thrwy'r twnnel enwog i sicrhau buddugoliaeth wych a pharch a chlod gan y byd rasio.

Wedi Monaco roedd pedwar tîm Fformiwla Un yn awyddus i'w arwyddo a phenderfynodd Tom ymuno â thîm Shadow a oedd yn cael ei reoli gan y Cymro Alan Rees. Ym mis Mawrth 1975 llwyddodd Tom i sicrhau un o'i berfformiadau mwyaf cofiadwy, a'i unig fuddugoliaeth mewn car Fformiwla Un yn Ras y Pencampwyr yn

Brands Hatch.

Dechreuodd y ras ar flaen y grid gyda Jody Scheckter yn ail, ond wedi dechrau siomedig llwyddodd Scheckter i agor bwlch enfawr ar y brig. Dangosodd Tom ei fedrusrwydd wrth iddo frwydro'n ôl i'r ail safle, ac wrth iddo baratoi i basio'r gŵr o Dde Affrica ffrwydrodd injan car Scheckter gan adael Tom i gipio'r fuddugoliaeth.

Sicrhaodd Tom ei bwyntiau cyntaf yn rasio Fformiwla Un yn Grand Prix yr Almaen yn y Nürburgring yn ddiweddarach y flwyddyn honno wrth iddo orffen yn bedwerydd, er gwaethaf y ffaith bod petrol yn llifo i mewn i'r car a thros ei goesau oherwydd bod y cap petrol yn llac. Mae'r ffaith iddo barhau i rasio er gwaethaf y petrol a oedd yn llosgi ei groen yn dystiolaeth o'i awch i lwyddo. Cyn hir roedd wedi sicrhau ei le ar y podiwm am y tro cyntaf erioed wrth iddo orffen yn drydydd ar drac yr Osterreichring yn Grand Prix Awstria.

Gorffennodd yn chweched ar dri achlysur yn ystod y tymor a llwyddodd i ddechrau Grand Prix Prydain yn Silverstone ar flaen y grid gan orffen y tymor yn ddegfed yn y Bencampwriaeth.

Er iddo gystadlu ar y lefel uchaf un, cadwodd y Cymro ei draed ar y ddaear, ac yn wahanol i nifer o'r gyrwyr eraill roedd yn ffrindiau mawr â'i dîm o fecanyddion. Byddech yn fwy tebygol o weld Tom yn potsian o dan y car yn eu plith nag yn trafod tactegau gyda'i dîm rheoli.

Roedd ei lifrai gwyn plaen a'i helmed wen â'r pum streipen ddu a'r Ddraig Goch arni yn nodweddiadol o agwedd ddiffwdan Tom. Roedd yn llawer gwell gan y Cymro fod adref gyda'i wraig, Nella, yn eu cartref yng Nghaint na cheisio byw bywyd afradlon gyrrwr Fformiwla Un. Arferai yrru o ras i ras gyda'i gar rasio yn cael ei ddynnu ar drelar tu cefn i'w gar arferol, felly roedd teithio ledled y byd o un Grand Prix i'r nesaf mewn jet yn gwbl ddieithr iddo.

Erbyn tymor 1976 roedd Tom yn ennill cryn dipyn o arian ac yn denu sylw un o brif dimau Fformiwla Un y dydd, Lotus, ond gwrthododd gynnig i ymuno â thîm Colin Chapman er mwyn aros yn ffyddlon i dîm Shadow. Er fod ceir Shadow yn tueddu i fod yn llai dibynadwy na cheir rhai o'r timau mwy, llwyddodd Tom i sicrhau'r trydydd safle ym Mrasil ym 1976 yn ogystal â'r pedwerydd safle yn Brands Hatch ac yn Zandvoort yn yr Iseldiroedd.

Y tymor canlynol llwyddodd Mario Andretti, y gyrrwr a arwyddwyd gan Lotus wedi i Tom ddewis aros gyda Shadow, i ennill Pencampwriaeth y Byd, ond ni welodd Tom ddiwedd y tymor. Wedi sesiynau rhagbrofol calonogol yn yr Ariannin ac ym Mrasil, roedd Tom yn hyderus iawn, ond dioddefodd ei gar broblemau mecanyddol ac felly roedd yn benderfynol o wneud yn iawn am hynny yn ystod ras nesaf y tymor yn Kyalami, De Affrica. Ond wedi 22 lap o'r ras cafwyd tân yng nghar Renzo Zorzi, cyd-yrrwr i Tom yn nhîm Shadow. Rhedodd swyddog dibrofiad ar draws y trac er mwyn ceisio'i ddiffodd. Ar yr union eiliad honno, daeth Tom dros rimyn yr allt ar gyflymder o yn agos i 170 milltir yr awr. Trawodd y swyddog a'i ladd, a bu farw Tom wrth iddo yntau gael ei daro gan gerbyd y diffoddwyr tân.

Felly, ar 5 Mawrth 1977, collwyd un o arwyr y byd rasio ceir ac un o sêr ifanc mwyaf diymhongar Cymru. Claddwyd Tom Pryce ym mynwent Eglwys St Bartholomew yn Otford, Caint, ger Ightham – y pentref lle roedd wedi ymgartrefu gyda'i wraig.

© Empics

Mark Hughes

Mae gen i ddau atgof melys dros ben fel cefnogwr tîm cenedlaethol Cymru ac roedd Mark Hughes, neu Sparky fel yr adwaenir ef, yn rhan allweddol o'r ddau. Fel chwaraewr, llwyddodd i sgorio gôl fythgofiadwy yn erbyn Sbaen ar y Cae Ras wrth i Gymru ennill o dair gôl i ddim ym 1985 ac yna, 17 mlynedd yn ddiweddarach, roedd yn rheolwr ar y tîm a drechodd yr Eidal o ddwy gôl i un yn Stadiwm y Mileniwm.

Cafodd Leslie Mark Hughes ei eni a'i fagu ym mhentref Rhiwabon ger Wrecsam, pentref oedd eisoes yn rhan o hanes pêl-droed Cymru gan mai yno y ganed Llewellyn Kenrick, chwaraewr â chlwb enwog y Derwyddon ar ddiwedd y 19ed ganrif a'r gŵr oedd yn gyfrifol am sefydlu Cymdeithas Bêl-droed Cymru.

Tra oedd yn ddisgybl yn Ysgol Rhiwabon, roedd yn amlwg fod gan y bachgen ifanc a chryf dalent anferthol â'r bêl gron. Gallai drechu ei wrthwynebydd yn hawdd gan greu lle ac amser iddo'i hun yng nghanol cae, ac roedd ei lygad am gôl heb ei ail.

Yn ogystal â'r rhinweddau corfforol a'r sgiliau naturiol, roedd gan Mark – am fachgen mor ifanc – awch anhygoel i ennill, ac roedd hynny'n amlwg wrth iddo chwarae dros dîm dan-14 Aelwyd y Rhos un bore Sadwrn. Roedd Aelwyd y Rhos wyth gôl i ddim ar y blaen, gyda'r wyth gôl wedi dod oddi ar droed Mark; felly, gyda'r rheolwr yn teimlo piti dros y gwrthwynebwyr, cafodd Mark ei symud i'r gôl. Yn y munudau olaf, rhoddodd y dyfarnwr gic o'r smotyn i'r gwrthwynebwyr er mwyn sicrhau eu bod yn cael gôl gysur, ond nid oedd Mark am weld ei dîm yn ildio'r un fodfedd a llwyddodd i arbed y gic!

Gyda'r fath dalent, mater o amser oedd hi cyn i'w enw ddod i sylw clybiau pêl-droed gogledd Cymru a gogledd orllewin Lloegr. Cafodd ei wahodd ar brawf i'r Cae Ras, Wrecsam, ac er iddo greu argraff ffafriol iawn yno, roedd eisoes wedi denu sylw Manchester United – diolch i'w sgowt yng ngogledd Cymru, Huw Roberts.

Felly, wedi iddo adael yr ysgol ym 1980, ymunodd Mark â'r clwb o Old Trafford, ond cymerodd dair blynedd cyn iddo gael y cyfle i wneud ei ymddangosiad cyntaf i'r tîm cyntaf. Daeth i'r cae fel eilydd wrth i Manchester United golli yng Nghwpan y Gynghrair yn erbyn Rhydychen. Llwyddodd i greu argraff, er hynny, gan ei sefydlu ei hun yn aelod allweddol o garfan y tîm cyntaf.

Buan y cafodd ei wobrwyo â'r cyntaf o'i 72 cap dros Gymru wrth i Mike England ei ddewis i herio Lloegr ar y Cae Ras ar 2 Mai, 1984.

Bachodd Mark ar ei gyfle â'r tîm cenedlaethol gan sgorio unig gôl y gêm a sicrhau buddugoliaeth dros yr hen elyn.

Erbyn 1985, roedd Mark yn aelod allweddol o dîm Manchester United a lwyddodd i ennill Cwpan FA Lloegr. Cafodd ei ethol yn chwaraewr ifanc y flwyddyn gan Gymdeithas y Chwaraewyr Proffesiynol (PFA), ond y flwyddyn ganlynol, synnwyd y byd pêl-droed wrth i Manchester United werthu Mark i Barcelona am £2.3 miliwn. Roedd y Sais, Terry Venables, wrth y llyw ar y Nou Camp a gobeithiai hwnnw y byddai Mark yn bartner perffaith i Gary Lineker yn y llinell flaen â Barca.

Siom enfawr oedd tymor Hughes yng Nghatalonia. Wedi iddo rwydo pedair gôl mewn 28 ymddangosiad, cafodd ei yrru ar fenthyg i Orllewin yr Almaen a Bayern Munich lle y llwyddodd Mark i ail-ddarganfod rhywfaint ar ei hyder a rhwydo chwe gôl mewn 18 gêm. Tra oedd ym Munich, llwyddodd Mark i greu mymryn o hanes wrth iddo chwarae dwy gêm mewn un diwrnod. Ac yntau'n aelod o dîm Cymru a gollodd o ddwy gôl i ddim yn erbyn Tsiecoslofacia yn

Prague mewn gêm brynhawn, hedfanodd Mark yn ei ôl i Munich gan ddod i'r maes y noson honno fel eilydd i Bayern.

Dychwelodd Mark i Fanceinion ac Old Trafford ym 1988 wrth i reolwr newydd Manchester United, Alex Ferguson, dalu £1.8 miliwn amdano – ffi oedd yn record i'r clwb ar y pryd. Roedd Mark yn ysbrydoledig wedi iddo ddychwelyd i'w gyn-glwb, ac roedd yn allweddol wrth i Manchester United ennill Uwchgynghrair Lloegr ddwywaith, Cwpan FA Lloegr ddwywaith, Cwpan y Gynghrair a Chwpan Enillwyr Cwpanau Ewrop.

Roedd Sparky'n ffefryn gan y cefnogwyr oherwydd ei ymroddiad a'i ddawn i sgorio'r goliau holl bwysig. Yn rownd gynderfynol Cwpan FA Lloegr ym 1990 llwyddodd i rwydo gôl hwyr i sicrhau gêm ailchwarae yn erbyn Oldham. Eto, yn y rownd derfynol yn erbyn Crystal Palace, sgoriodd ddwy gôl i achub Manchester United a sicrhau gêm ail-chwarae arall. Yna, ym 1991, sgoriodd Mark ddwy gôl wrth i Manchester United drechu ei gyn-glwb, Barcelona, yn rownd derfynol Cwpan Enillwyr Cwpanau Ewrop.

Ym mis Mehefin 1995, gadawodd Mark Old Trafford am yr ail dro wrth iddo ymuno â Chelsea am £1.5m, ond roedd yn ffodus iawn mai'r Cymro Gwyn Williams oedd rheolwr cyffredinol Chelsea, neu ni fyddai Mark byth wedi symud i Stamford Bridge. Roedd Manchester United wedi gosod Mark ar y rhestr drosglwyddo fel Leslie M. Hughes, ac yn ffodus i Chelsea roedd Gwyn Williams yn gwybod yn iawn mai dyna oedd enw llawn Mark!

Llwyddodd i ennill Cwpan FA Lloegr a Chwpan Enillwyr Cwpanau Ewrop â Chelsea cyn symud i Southampton ym mis Gorffennaf 1998. Ond daeth tro ar fyd Mark ym mis Mehefin 1999 wrth i Bobby Gould ymddiswyddo fel rheolwr Cymru yn dilyn crasfa o bedair gôl i ddim gan yr Eidal yn Bologna. Cafodd Mark a chyn-golwr Cymru, Neville Southall, wahoddiad i gymryd yr awenau gyda'r tîm cenedlaethol ar gyfer y gêm yn erbyn Denmarc yn Anfield, Lerpwl bedwar diwrnod yn ddiweddarach. Erbyn y gêm nesaf ym mis Medi, yn erbyn Belarws ym Minsk, roedd Mark wedi ei benodi'n reolwr rhan amser ar Gymru gan ei fod yn parhau i chwarae.

Wedi cyfnod byr gydag Everton ac yna cyfnod â Blackburn Rovers, lle roedd yn rhan allweddol o'r tîm a lwyddodd i esgyn i'r Uwchgynghrair cyn cipio Cwpan y Gynghrair, daeth Mark â'i yrfa ar y maes i ben er mwyn gallu canolbwyntio ar reoli tîm cenedlaethol Cymru.

Bu wrth y llyw am bum mlynedd a llwyddodd Mark i aildrefnu'r hyn oedd yn digwydd oddi ar y maes â'r tîm cenedlaethol. Brwydrodd i sicrhau fod paratoadau'r tîm yn llawer mwy proffesiynol, a chan ddefnyddio'i brofiadau ei hun fel chwaraewr rhyngwladol yn gymharol ddiweddar, sicrhaodd fod yr ysbryd ymysg y garfan gystal nes bod y chwaraewyr yn edrych ymlaen ac yn llawer mwy balch o gael cynrychioli eu gwlad.

Dechreuodd Mark wella'r sefyllfa ar y maes hefyd a daeth Cymru o fewn trwch blewyn i gyrraedd Pencampwriaethau Ewro 2004 ym Mhortiwgal. Wedi gorffen yn ail yn y grŵp, colli oedd hanes Cymru mewn gemau ailgyfle yn erbyn Rwsia.

Mae'n debyg mai mater o amser oedd hi cyn i Mark adael y tîm cenedlaethol a chymryd yr awenau gyda chlwb yn Uwchgynghrair Lloegr, ac felly y bu pan adawodd Cymru i reoli Blackburn Rovers ym mis Hydref 2004.

Mae'n drist, o gofio'r llwyddiant cymharol a gafodd Cymru o dan Mark Hughes, fod ei ymadawiad wedi gadael blas chwerw yng nghegau rhai o'r cefnogwyr. Er iddo addo aros â Chymru hyd at Bencampwriaeth Cwpan y Byd 2006, cyhoeddodd Mark wedi dwy gêm gyfartal ag Azerbaijan a Gogledd Iwerddon, ei fod yn gadael i symud i Barc Ewood wedi'r gêmau â Lloegr a Gwlad Pwyl. Mae'n siŵr y bydd y chwerwder hwn yn pylu gydag amser wrth i gefnogwyr Cymru gofio am y foli arbennig yn erbyn Sbaen ar y Cae Ras a'r noson wych yn Stadiwm y Mileniwm welodd yr Eidalwyr yn mynd adref dan grio i mewn i'w pasta!

© Empics

Ian Rush

Mae record sgorio Ian Rush dros Gymru heb ei hail, ac yntau wedi sgorio 28 gôl mewn 73 gêm yng nghrys coch Cymru, ond bu bron iawn iddo fod yn gymwys i chwarae i Loegr.

Dim ond 12 milltir oedd rhwng cartref y teulu Rush yn y Fflint ac Uned Famolaeth Ysbyty Caer, ond mynnai ei dad fod ei blant yn cael eu geni yng Nghymru, ac felly daeth Ian i'r byd yn Ysbyty H. M. Stanley, Llanelwy, ar 20 Hydref 1961.

Ian oedd y nawfed o 10 o blant, chwe bachgen a phedair merch, ac roedd y brodyr Rush yn enwog yn yr ardal am eu doniau pêl-droed. Treuliodd Ian oriau lawer yn chwarae pêl â'i frodyr yn yr ardd gefn ac yn y caeau ger y tŷ, a daeth ei gyfle cyntaf i serennu fel ymosodwr yn nhîm Ysgol Babyddol y Santes Fair yn y Fflint.

Cyrhaeddodd yr ysgol rownd derfynol Tarian Iau Ysgolion Gogledd Cymru, ac er i'r ysgol golli'r gêm dyngedfennol honno roedd dawn Ian i sgorio yn dechrau denu sylw. Ymddangosodd ei lun yn y papur lleol am y tro cyntaf wedi iddo rwydo wyth gôl mewn un gêm!

Enillodd ei le yn nhîm Ysgolion Cynradd Glannau Dyfrdwy, gan sgorio 72 gôl mewn 33 gêm – record a barhaodd tan i fachgen ifanc o'r enw Michael Owen ei thorri flynyddoedd yn ddiweddarach. Wedi iddo gyrraedd Ysgol Uwchradd Babyddol St Richard Gwyn, daeth cydnabyddiaeth ryngwladol i'w ran am y tro cyntaf wrth iddo gael ei ddewis i chwarae i dîm dan-15 Cymru. Bu'n eilydd yn erbyn Gogledd

Iwerddon, ond yna cafodd gyfle i chwarae yn erbyn yr Alban yn Perth. Ef a rwydodd unig gôl y gêm, a thrwy hynny sicrhaodd ei fod yn cadw ei le yn y tîm am weddill y tymor.

Roedd rheolwr tîm ysgolion Cymru, Chris Whitley, yn sgowt i glwb Caer ac arwyddodd Ian ar gytundeb ysgolion â'r clwb o Ffordd Sealand pan oedd yn 14 mlwydd oed.

Byddai Ian wedi gallu ymuno â chlwb Wrecsam, rhywbeth a wnaeth 20 mlynedd yn ddiweddarach, yn lle croesi'r ffin i Gaer, ond wedi iddo fynd i'r treialon ar y Cae Ras penderfynodd fod system ieuenctid y clwb o Gymru ar chwâl. Roedd yn hynod siomedig na chafodd gynnig hyd yn oed ddiod o oren ar ddiwedd y sesiwn, tra bod clwb Caer wedi gyrru'r bechgyn i gaffi lleol i brynu pryd o fwyd gydag arian y clwb!

Gwnaeth Ian ei ymddangosiad cyntaf i dîm Caer yn erbyn Sheffield Wednesday ym 1979. Cafodd nifer o gêmau i'r tîm cyntaf, a llwyddodd i rwydo'i gôl gyntaf yn y gynghrair wrth iddo achub pwynt i Gaer mewn gêm oddi cartref yn Gillingham.

Er iddo wrthod ymuno â Wrecsam, roedd gan Ian le i ddiolch i'r clwb Cymreig am iddo lwyddo i wneud ei farc yng Nghaer. Cafodd Ian Edwards, prif sgoriwr Caer, ei brynu gan Arfon Griffiths, rheolwr Wrecsam, am £125,000, gan adael i Ian Rush wisgo crys rhif naw Caer am weddill y tymor.

Roedd ei lygad am gôl yn amlwg, ac o fewn dim roedd Lerpwl a Manchester City yn ysu i'w arwyddo. Symudodd Ian i Anfield ym mis Mai 1980 am £350,000 – bargen os bu un erioed! Chwaraeodd ddwy gêm i ail dîm Lerpwl cyn diwedd y tymor gan sgorio unwaith. Llwyddodd hefyd i ennill y cyntaf o'i 73 cap dros Gymru wrth iddo ddod ymlaen fel eilydd i Ian Walsh yn erbyn yr Alban ar Barc Hampden ym Mhencampwriaeth y Pedair Gwlad.

Y tymor canlynol gwnaeth ei ymddangosiad cyntaf i dîm cyntaf Lerpwl yn gwisgo crys rhif saith enwog Kenny Dalglish wedi i'r Albanwr gael ei anafu – ond un wennol ni wna wanwyn, ac wedi'r gêm roedd Ian yn ei ôl yn chwarae i'r ail dîm.

Wedi iddo orffen y tymor gyda'r ail dîm, synnwyd Ian wrth iddo gael ei alw'n ôl i'r tîm cyntaf ar gyfer gêm ailchwarae rownd derfynol Cwpan y Gynghrair, lle trechodd Lerpwl West Ham United ar Barc Villa. Wedi hyn cafodd nifer o gêmau yn y gynghrair yn ogystal ag ymddangosiad yn erbyn Bayern Munich yng nghymal cyntaf rownd gynderfynol Cwpan Pencampwyr Ewrop.

Bu bron i Ian adael Anfield cyn dechrau'r tymor canlynol wedi iddo gael ffrae â'r rheolwr, Bob Paisley. Roedd Ian yn flin oherwydd ei fod yn credu i'r rheolwr dorri ei addewid iddo y byddai'n cael lle ar y fainc ym Mharis ar gyfer rownd derfynol Cwpan Ewrop yn erbyn Real Madrid. Pan fethodd â chytuno gyda Paisley wedyn ar gynnwys ei gytundeb newydd, collodd Ian ei limpin a bygwth gadael y clwb.

Yn ffodus i'r Cochion, wedi cyfnod yn yr ail dîm cafodd Ian gyfle yn y tîm cyntaf yn erbyn OPS Oulu yng Nghwpan y Pencampwyr a sgoriodd ei gôl gyntaf i'r tîm cyntaf wrth i'r Cochion chwalu'r tîm o'r Ffindir o saith gôl i ddim. Wythnos yn ddiweddarach rhwydodd ddwywaith yn erbyn Caerwysg yng Nghwpan y Gynghrair, a'r penwythnos canlynol cafodd ddwy gôl arall yn erbyn Leeds. Roedd Ian Rush wedi cyrraedd!

Ian oedd prif sgoriwr y gynghrair ym 1982 wrth i Lerpwl gipio'r Bencampwriaeth y flwyddyn honno. Ef a rwydodd y gôl fuddugol i Lerpwl yn rownd derfynol Cwpan y Gynghrair hefyd. Ym 1983 cafodd ei enwebu'n chwaraewr ifanc y flwyddyn gan ei gyd-chwaraewyr, a hynny wedi tymor a welodd y Cochion yn cipio'r Bencampwriaeth a Chwpan y Gynghrair unwaith eto. Ond os oedd Ian yn teimlo ei fod wedi cyrraedd y brig, nid oedd hyn yn ddim o'i gymharu â'r hyn a oedd i ddod y tymor canlynol.

Ym 1983/4 cafodd dymor euraidd, yn llythrennol, wrth iddo gipio'r Esgid Aur am fod yn brif sgoriwr cynghreiriau Ewrop wedi iddo rwydo 49 gôl yn ystod y tymor – 47 dros Lerpwl a dwy gôl dros ei wlad. Casglodd wobr Chwaraewr y Flwyddyn gan ei gyd-chwaraewyr – y Cymro cyntaf i ennill y wobr – yn ogystal â gwobr gohebyddion pêl-droed Lloegr, a daeth yn ail i'r Ffrancwr Michel Platini ym mhleidlais Chwaraewr y Flwyddyn yng nghylchgrawn enwog *World Soccer*.

Am y drydedd flwyddyn o'r bron casglodd Ian fedal am ennill Pencampwriaeth Lloegr a Chwpan y Gynghrair, ond gorffennodd y tymor ar nodyn sur wedi i Napoli geisio'i arwyddo am £4.5 miliwn. Roedd Ian yn ysu i gael chwarae yn Serie A ond gwrthododd cadeirydd Lerpwl, John Smith, y cynnig a throdd Napoli at Diego Maradona!

Ym 1986 prynwyd Ian gan glwb Eidalaidd o'r diwedd wedi i Juventus dalu £3.2 miliwn amdano, ond nid yn Serie A y treuliodd y tymor ond yn hytrach ar fenthyg yn ôl yn Anfield. Symudodd Ian i Turin ar ddechrau tymor 1987/8, ond nid oedd ei gyfnod yn yr Eidal yn un llwyddiannus. Daeth uchafbwynt ei amser gyda Juventus yn erbyn Pescara mewn gêm gwpan wrth iddo rwydo pedair gôl, ond ar y cyfan roedd Ian yn ei chael hi'n anodd ymdopi â'r gêm yn Serie A ac roedd wrth ei fodd yn cael dychwelyd i Lerpwl ym 1988.

Pan adawodd Ian Anfield er mwyn ymuno â Leeds United ym 1996, roedd o fewn 16 gôl i dorri record Roger Hunt wedi iddo rwydo 229 gôl mewn 469 gêm gynghrair i'r clwb.

Roedd Ian eisoes wedi torri un record sgorio. Ym 1993 llwyddodd i dorri record Ivor Allchurch a Trevor Ford am y nifer o goliau a sgoriwyd dros Gymru, gyda gôl rhif 24 yn cael ei sgorio yn ystod buddugoliaeth Cymru yn erbyn Gwlad Belg ar Barc yr Arfau. Erbyn iddo ddod â'i yrfa ryngwladol i ben ym 1996 roedd wedi ymestyn y record ymhellach eto i 28 gôl.

Wedi tymor aflwyddiannus yn Elland Road gadawodd Ian i ymuno â Newcastle United, ond treuliodd y rhan fwyaf o'i amser yno ar y fainc, ac wedi cyfnod ar fenthyg â Sheffield United gadawodd Barc St James er mwyn ymuno â Wrecsam ar gyfer tymor 1998/9. Roedd ei gyfnod ar y Cae Ras yn un rhwystredig wrth iddo fethu â sgorio mewn 24 gêm i'r clwb, a phenderfynodd ddod â'i yrfa broffesiynol i ben.

Wedi iddo ymddeol o chwarae pêl-droed, canolbwyntiodd Ian ar yrfa reoli, ac wedi cyfnod fel aelod o dîm rheoli timau ieuenctid Cymru cafodd ei benodi'n rheolwr tîm Caer yn 2004. Ni fu yno'n hir – ym mis Ebrill 2005 cafodd ei ddiswyddo wedi diweddglo siomedig i'r tymor.

Ac yntau wrthi'n chwilio am swydd newydd mae Ian yn dal i fod yn rhan o'r byd pêl-droed. Mae'n ysgrifennu colofn wythnosol i bapur y *Liverpool Echo* ac mae'n wyneb ac yn llais cyfarwydd fel un o wybodusion pêl-droed BBC Cymru yn ystod gêmau rhyngwladol Cymru.

© BBC

Ian Woosnam

Magwyd Ian Woosnam ar fferm laeth ym mhentref bychan St
Martins, sydd, fel mae'n digwydd, ar ochr Seisnig y ffin rhwng
Cymru a Lloegr. Mae'n debyg na fyddai unrhyw un a wyliai'r
bachgen ym mart Croesoswallt yn gwerthu stoc gyda'i dad wedi
dychmygu y byddai'n un o gewri'r byd golff rhyw ddiwrnod.

Cyfaddefa Woosnam nad oedd yn adnabod unrhyw ffermwr arall
yn yr ardal a oedd yn chwarae golff. Camp i'r dosbarth canol oedd
golff, nid rhywbeth i ffermwr llaeth a'i deulu. Ond ei dad, Harold,
fu'n gyfrifol am weddnewid dyfodol y bachgen saith mlwydd oed
wrth iddo lusgo'r teulu draw i Glwb Golff Llanymynech yn
rheolaidd.

Mae Clwb Golff Llanymynech yn un go arbennig gan fod tri thwll
yn Lloegr a 15 twll yng Nghymru. Mae'r clwb yn aelod o Undeb
Golff Lloegr a hynny, yn ôl yr aelodau lleol, gan fod y *subs* yn
rhatach. Serch hynny, fel Woosnam ei hun, maent yn falch iawn o'u
Cymreictod.

Disgynnodd Woosnam mewn cariad â'r gamp o'r eiliad gyntaf ar
y cwrs a byddai'n erfyn ar y teulu i fynd draw i chwarae cwrs
Llanymynech bob dydd Sul wedi iddynt orffen godro'r gwartheg. Yn
yr haf byddai Ian a'i frawd Keith yn mynnu bod y teulu'n brysio i
lawr i'r clwb ar nos Fercher wedi'r godro i chwarae 18 twll sydyn cyn
i'r haul fachlud.

Gan ei fod yn byw ar fferm gallai Woosnam ymarfer trwy daro'r bêl ar hyd y caeau o fore gwyn tan nos yn ystod gwyliau'r ysgol, ac wedi iddo ddwyn perswâd ar ei dad llwyddodd i greu man ymarfer mewn cornel o'r beudy fel y gallai ymarfer hyd yn oed pan fyddai'n bwrw glaw.

Erbyn iddo gyrraedd ei arddegau roedd Woosnam yn treulio pob eiliad rydd ar y cwrs golff, ac erbyn ei fod yn 13 mlwydd oed roedd ei handicap i lawr i chwech ac roedd eisoes wedi ennill Pencampwriaeth Iau Swydd Amwythig.

Y golffiwr o Dde Affrica, Gary Player, oedd ei arwr, a hynny gan ei fod yn chwaraewr golff penigamp er gwaetha'r ffaith ei fod yn fyr. Roedd Woosnam wedi poeni erioed ei fod yn rhy fyr i chwarae golff a byddai bob amser yn ceisio taro'r bêl yn bellach nag y dylai bachgen 5'4" ei tharo. Ysbrydolwyd Woosnam wrth iddo wylio Player, oedd yn 5'7", yn cipio tair Pencampwriaeth Agored, tair Pencampwriaeth Meistri America, dwy Bencampwriaeth PGA yn ogystal ag un Bencampwriaeth Agored America.

Enillodd Woosnam bencampwriaeth adnabyddus y *Daily Telegraph* i olffwyr ifanc ym 1972, ac ym 1973 llwyddodd i ennill Pencampwriaeth Amatur Swydd Amwythig a Phencampwriaeth Amatur Swydd Henffordd, a hynny cyn ei ben-blwydd yn 15 oed.

Yna, gyda'i handicap bellach i lawr i un, cafodd wahoddiad i gystadlu'n rhyngwladol. Gan ei fod wedi ei eni yn Lloegr i rieni Cymreig, roedd yn gymwys i gynrychioli Cymru a Lloegr, ond i Woosnam roedd y dewis yn un hawdd. Gyda'i dad yn hanu o'r Drenewydd a theulu ei fam yn dod o'r Trallwng, roedd eu cartref yn Gymreig iawn ei naws, ac fel y dywedodd: 'Er i mi gael fy ngeni ar dir Seisnig, rwy'n teimlo'r un mor Gymreig â David Lloyd George, a aned ym Manceinion.'

Chwaraeodd ei gêm gyntaf i dîm amatur Cymru yn erbyn eu cyfoedion o Ffrainc ym 1976, yr un flwyddyn ag y gadawodd yr ysgol heb unrhyw fath o gymhwyster er mwyn cymryd swydd ar gwrs golff Hill Valley ger Whitchurch.

Wedi dwy flynedd o weithio yn y siop a thrin y lawntiau yn Hill

Valley, penderfynodd Woosnam ei bod yn bryd iddo droi'n broffesiynol a chystadlu am ei gerdyn ar gyfer Cylchdaith Ewrop. Teithiodd i'r ysgol ragbrofol gan sicrhau ei le ymysg y 50 uchaf a chael yr hawl i chwarae yn rowndiau rhagbrofol Pencampwriaethau Cylchdaith Ewrop.

Nid oedd y blynyddoedd cynnar ar y gylchdaith yn fêl i gyd wrth iddo deithio o amgylch Ewrop, o ogledd yr Alban i dde Portiwgal a phob man arall rhwng y ddau begwn, mewn *caravanette*, gan fyw ar ffa pob a chreision.

Er iddo ennill y ddwy rownd ragbrofol gyntaf ym Mhencampwriaethau Agored Portiwgal a Sbaen, methodd â sicrhau ei le mewn pencampwriaeth am weddill y tymor. Erbyn diwedd tymor 1979 roedd wedi llwyddo i ennill £1,049, ac er nad oedd hynny'n ddigon i olygu y gallai ffarwelio â'r *caravanette*, roedd yn ddigon i sicrhau na fyddai'n rhaid iddo chwarae yn yr ysgol ragbrofol y tymor canlynol.

Dechreuodd arfer â chwarae yn erbyn chwaraewyr gorau'r cyfandir ac wrth iddo ymlacio roedd ei gêm yn gwella. Gorffennodd yn wythfed ym Mhencampwriaeth Agored yr Eidal a llwyddodd i ennill ei ffordd drwodd i'r ddau ddiwrnod olaf mewn saith pencampwriaeth yn ystod y tymor. Roedd wedi ennill £3,481 a chyrraedd safle rhif 87 ar restr detholion Ewrop.

Yna, ym 1982, cipiodd ei bencampwriaeth broffesiynol gyntaf wrth iddo ennill Pencampwriaeth Agored y Swistir yn Crans-sur-Sierre a derbyn siec am £10,085. Roedd yn hwb anferthol i'w hyder a llwyddodd i orffen ymysg y pump uchaf ym Mhencampwriaethau'r Iseldiroedd, yr Eidal a Jersey. Dyma'n union oedd ei angen arno er mwyn sefydlu'i enw yn y byd golff, ac aeth ymlaen i orffen yn y 12 uchaf ar restr detholion Ewrop am 12 mlynedd o'r bron, gan gyrraedd brig y rhestr ddwywaith.

Ym 1983 cafodd Ian wobr dra gwahanol wrth iddo briodi Glendryth Pugh – roedd y ddau yn hanu o'r un pentref ac wedi bod yn gariadon ers cyn i Ian ymuno â'r Gylchdaith Ewropeaidd – felly roedd y Mrs Woosnam newydd yn deall yn iawn pam yr oedd yn rhaid iddi hepgor ei mis mêl er mwyn i'w gŵr gael chwarae mewn twrnament yn Indonesia!

Ym 1987 Woosnam oedd y chwaraewr golff cyntaf erioed i ennill £1,000,000 mewn tymor wrth iddo gipio Pencampwriaeth Agored Hong Kong, Pencampwriaeth Tyllau'r Byd, Her Miliwn Doler Sun City, pum buddugoliaeth ar Gylchdaith Ewrop a Chwpan y Byd i Gymru gyda David Llewellyn.

Roedd Woosnam, sydd wedi gwisgo siwmper goch Cymru ym Mhencampwriaeth Golff y Byd ar 16 achlysur, gan ennill y gystadleuaeth unigol ym 1987 a 1991, yn falch iawn o'i alw ei hun yn Gymro. Mae'n cofio rhyfeddu wrth i ohebydd Americanaidd ofyn iddo ar ddiwedd Cwpan y Byd yn Hawaii egluro ym mha ran o'r Alban oedd Cymru. 'O leiaf wrth barhau i ennill a dweud wrth pawb fy mod yn Gymro, roedd pobl yn clywed am Gymru,' meddai.

Ym 1991 daeth ei awr fawr wrth iddo sicrhau ei le ar frig rhestr detholion y byd yn ogystal â chipio Pencampwriaeth Meistri America yn Augusta – ei fuddugoliaeth gyntaf yn un o brif bencampwriaethau'r byd golff.

Wedi iddo lwyddo i sefydlu ei hun ymysg goreuon y byd golff, cafodd gyfnod anodd iawn ar ddiwedd y 1990au wrth i'w gêm ddioddef yn enbyd, ond roedd yn arwydd o'i gymeriad cryf na roddodd y ffidil yn y to bryd hynny.

Yn 2001 roedd ar y blaen ynghyd â thri chwaraewr arall yn ystod rownd olaf y Bencampwriaeth Agored yn Royal Lytham, ond chwalwyd ei obeithion wedi iddi ddod i'r amlwg bod y cadi yn cario 15 clwb – un yn fwy nag a ganiateir. Cafodd ei gosbi ddwy ergyd ac o'r herwydd roedd ei obeithion o ennill y bencampwriaeth ar ben, ond llwyddodd i ddal ymlaen i gipio'r trydydd safle.

Ddeufis yn ddiweddarach llwyddodd i ennill Pencampwriaeth Tyllau'r Byd wrth drechu Padraig Harrington yn y rownd derfynol yn Wentworth. Woosnam oedd y chwaraewr cyntaf i ennill y bencampwriaeth mewn tri degawd gwahanol.

Yn 2002 roedd Ian Woosnam yn is-gapten i Sam Torrance wrth i Ewrop drechu'r Americanwyr yng Nghwpan Ryder. Yna, yn 2005, wedi gyrfa lewyrchus fel chwaraewr yng Nghwpan Ryder ar wyth achlysur rhwng 1983 a 1997, cafodd ei benodi'n gapten tîm Ewrop ar gyfer cystadleuaeth 2006 yn y K Club yn Iwerddon. O'r 31 gêm y mae wedi'u chwarae i dîm Ewrop hyd yma, mae Woosnam wedi ennill 14 a sicrhau pum gêm gyfartal.

Mae golff yn parhau i chwarae rhan fawr ym mywyd Ian Woosnam wrth iddo chwarae yn ogystal â dylunio cyrsiau golff ledled y byd. Mae eisoes wedi dylunio cyrsiau yn China, Bwlgaria, Lloegr ac Iwerddon, ond go brin y bydd unrhyw gwrs newydd yn hawlio lle mor arbennig yng nghalon Ian â chwrs golff Llanymynech.

© Empics

Kirsty Wade

Ganed Kirsty McDermott yn Girvan yn yr Alban i rieni Seisnig, ond fest goch Cymru yr oedd Kirsty yn ei gwisgo pan lwyddodd i wneud enw iddi'i hun fel athletwraig yng Ngêmau'r Gymanwlad.

Symudodd y teulu o'r Alban i ganolbarth Cymru lle dechreuodd Kirsty gymryd diddordeb ym myd athletau. Roedd ei dawn ar y trac yn amlwg wrth iddi gipio coron dan 15 Merched Cymru ac Ysgolion Cymru ar gyfer ras yr 800m ym 1975. Flwyddyn yn ddiweddarach roedd hi'n fuddugol yn y ddwy bencampwriaeth eto, a'r tro hwn sefydlodd record Ysgolion Cymru.

Yn Crystal Palace ym Mhencampwriaethau Iau'r Amateur Athletics Association (AAA) y llwyddodd Kirsty i ddenu sylw'r gwybodusion wrth iddi ennill yr 800m mewn amser o 2:11.1 – record Gymreig ar gyfer rhai dan 15 a dan 17.

Ym 1979 llwyddodd Kirsty i ennill Pencampwriaeth 800m Cymru a hithau'n ddim ond 17 mlwydd oed – y gyntaf o'i 10 buddugoliaeth o'r bron – ac roedd ei dull o rasio yn dilyn yr un patrwm bron bob blwyddyn wrth iddi arwain y rhedeg o'r dechrau i'r diwedd.

Yn ystod y degawd hwn roedd hi'n llwyr reoli'r rasys 800m yng Nghymru. Llwyddodd hefyd i gipio Pencampwriaeth 400m Cymru a Phencampwriaeth 1500m Cymru ddwywaith.

Wedi iddi ennill ym Mhencampwriaethau Iau'r AAA am yr eildro, y tro hwn yn yr adran merched dan 17, symudodd Kirsty o Ysgol Gyfun Llandrindod i ysgol fonedd Millfield yng Ngwlad yr Haf. Mae

Millfield yn enwog am feithrin talent ifanc yn y byd chwaraeon, a bu'r chwaraewyr rygbi Gareth Edwards a J. P. R. Williams yn ddisgyblion yno. Yn ystod ei chyfnod ym Millfield llwyddodd Kirsty i ddod â'i gyrfa athletau ysgolion i ben gyda buddugoliaeth yn yr 800m ym Mhencampwriaethau Ysgolion Lloegr.

O fewn dim daeth ei chyfle cyntaf i gynrychioli Prydain ym Mhencampwriaethau Athletau Dan-do Ewrop, ble gorffennodd hi'n bedwerydd.

Erbyn hyn roedd hi wedi dechrau ymarfer o dan lygad barcud Harry Wilson, hyfforddwr Steve Ovett, a gasglodd fedal aur yn yr 800m yng Ngêmau Olympaidd Moscow ym 1980, a bwriadai Kirsty anelu am Gêmau'r Gymanwlad yn Brisbane ym 1982. Llwyddodd i sicrhau ei lle yn nhîm Cymru o drwch blewyn wrth iddi redeg ei 800m cyflymaf erioed. Roedd hi'n ugain oed ac ar ei ffordd i Awstralia.

Nid oedd fawr neb yn disgwyl i Kirsty wneud mwy na mwynhau'r profiad ac elwa'n fawr ar gystadlu yn y Gêmau, ond llwyddodd i sicrhau'r fedal aur i Gymru wrth iddi ddilyn ei phatrwm arferol, gan fynd ar y blaen yn syth o'r gwn a chroesi'r llinell derfyn mewn amser o 2:01.31.

Roedd pawb wedi synnu at yr hyn yr oedd Kirsty wedi ei gyflawni – neb yn fwy felly na hi ei hun – a chan nad oedd erioed wedi ystyried gyrfa yn y byd athletau bu bron iddi benderfynu ymddeol o'r gamp ar ei hunion, a hithau ar y brig! Yn ffodus, wedi iddi raddio o Brifysgol Loughborough â gradd yn y Saesneg, penderfynodd barhau â'i gyrfa athletau.

Wedi tymor trychinebus ym 1984, tymor pan fethodd Kirsty â sicrhau ei lle yn nhîm Prydain ar gyfer Gêmau Olympaidd Los Angeles, dechreuodd ystyried ei dyfodol unwaith eto. Mae hi'n dweud iddi ddiflasu ar ymarfer yn galed bob dydd ac ym mhob tywydd, dim ond i athletwyr o'r hen floc Dwyreiniol gyrraedd y brig gyda chymorth cyffuriau.

Cafodd nifer o'r athletwyr a oedd wedi trechu Kirsty yn ystod y

1980au eu dal yn camddefnyddio cyffuriau yn ddiweddarach yn eu gyrfaoedd, ond dywed Kirsty ei bod yn gwbl amlwg i'r athletwyr eraill bod hyn yn digwydd ac roedd hynny'n ei digalonni.

Llwyddodd ei darpar ŵr, Tony, i ddwyn perswâd arni i beidio â rhoi'r ffidil yn y to gan ddadlau mai gwneud ei gorau oedd y peth pwysicaf. Er mwyn ceisio adennill ei lle ymysg goreuon y byd athletau trodd Kirsty yn llysieuwraig a rhoddodd y gorau i fwyta siocled a bwydydd melys. Agorodd Tony yntau ganolfan ffitrwydd yn Tyne and Wear er mwyn caniatáu iddi ymarfer fel athletwraig lawn-amser yno.

Talodd disgyblaeth Kirsty ar ei chanfed wrth iddi ostwng ei phwysau o 10 stôn 4 pwys ym 1981 i 8 stôn 9 pwys erbyn diwedd 1984, ac yna cafodd dymor gwych ym 1985. Llwyddodd i redeg 800m mewn llai na dau funud ar ddau achlysur a threchodd rai o fawrion y gamp gan gynnwys y bencampwraig Olympaidd, Doina Melinte o Romania.

Daeth ei hawr fawr yn ystod Gêmau'r Gymanwlad yng Nghaeredin ym 1986. Roedd ei pherfformiadau ar y trac yn Stadiwm Meadowbank yn wefreiddiol. Hi oedd y gyntaf i amddiffyn ei choron 800m yn llwyddiannus, a llwyddodd hefyd i ennill ei lle fel y ferch gyntaf erioed i gwblhau'r dwbwl, sef yr 800m a'r 1500m.

Cafodd ei henwebu'n Bersonoliaeth Chwaraeon Cymreig y Flwyddyn gan BBC Cymru – y ferch gyntaf eroed i ennill y wobr – naw mlynedd wedi iddi gipio'r wobr Iau.

Parhaodd i berfformio ar y trac ym 1987 gan dorri record dan-do Ewrop dros filltir yn ogystal â chipio Cwpan Ewrop dros 1500m. Gorffennodd yn chweched yn rownd derfynol y 1500m ym Mhencampwriaethau'r Byd yn Rhufain a sefydlodd record Gymreig newydd ar gyfer y 3000m mewn cyfarfod yn Gateshead.

Dyma'r pedwerydd pellter i Kirsty sefydlu record Gymreig ar ei gyfer wedi iddi serennu yn yr 800m, y 1500m a'r filltir. Erbyn heddiw yr unig Brydeinwraig i redeg yn gynt na Kirsty dros 800m yw Kelly Holmes, a lwyddodd i gipio'r fedal aur yn yr 800m a'r 1500m yng Ngêmau Olympaidd Athen yn 2004.

Daeth Kirsty â'i gyrfa athletau i ben wedi iddi orffen yn chweched yn rownd derfynol y 1500m ym Mhencampwriaethau'r Byd yn Tokyo ym 1991. Ers iddi ymddeol mae Kirsty wedi symud i fyw i Ynys Lewis yn yr Alban lle mae hi'n fam i dri o blant ac yn cadw llety gwely a brecwast gyda'i gŵr.

© Empics

John Charles

Gofynnwch i unrhyw Gymro pwy oedd y chwaraewr pêl-droed gorau erioed i wisgo crys coch Cymru a'r ateb, mae'n debyg, fydd John Charles, a hynny flynyddoedd maith wedi i'r 'Brenin John' adael y maes.

Mae ei enw'n dal i fod ar wefusau cefnogwyr Cymru – hyd yn oed y rhai nad oedd wedi eu geni pan oedd y cawr yn rhwydo'r goliau ar feysydd pêl-droed ar hyd a lled Lloegr a'r Eidal – a hynny gan fod y rhai a fu'n ddigon ffodus i'w weld yn chwarae ar ei anterth yn dal i ganu ei glodydd.

Fe'i ganed yng Nghwmbwrla ger Abertawe ym 1931 yn fab i Alice a Ned Charles ac yn un o bump o blant. Roedd ei dad yn gyn-bêl-droediwr amatur gydag Abertawe. Er fod John Charles yn falch tu hwnt o'i wreiddiau yn Abertawe, ni chwaraeodd erioed i'r Swans. Yn hytrach, bwriodd ei brentisiaeth ar faes Elland Road o dan lygad barcud rheolwr Leeds United, Major Frank Buckley.

Chwaraeodd John ei gêm gyntaf i Leeds mewn gêm gyfeillgar yn erbyn clwb Queen of the South o'r Alban lle bu'n rhaid iddo farcio ymosodwr tîm cenedlaethol yr Alban, Willie Houliston. Wedi i'r gêm orffen dywedodd Houliston mai Charles oedd yr amddiffynnwr gorau iddo'i wynebu erioed, ac o fewn dim roedd cefnogwyr pêl-droed ledled Prydain yn sôn am y Cymro ifanc.

Arwyddodd John Charles ei gytundeb proffesiynol cyntaf â Leeds ym 1949, gan dderbyn y swm anferthol o £10 yn ogystal â siwt a phâr o esgidiau newydd. Wedi dwy flynedd o wasanaeth milwrol rhwng 1950 a 1952 dychwelodd John i Elland Road yn ŵr ifanc cyhyrog. Er mai fel amddiffynnwr yr oedd yn chwarae'r rhan fwyaf o'i gêmau dros Leeds, roedd ei ddawn o flaen y gôl yn amlwg hefyd. Gyda Jack Charlton yn disgleirio yn yr amddiffyn, penderfynodd Buckley symud John i chwarae yn y llinell flaen ym 1954. Yn ystod ei dymor cyntaf yn safle'r ymosodwr rhwydodd John 30 o goliau ac yna, yn ei ail dymor yn y safle, roedd yn allweddol yn nyrchafiad Leeds i'r Adran Gyntaf wrth iddo rwydo 42 o goliau.

Roedd hanes ei gampau wedi cyrraedd yr Eidal a chlustiau Umberto Agnelli, perchennog clwb Juventus. Mynnodd y miliwnydd, oedd hefyd yn berchen ar gwmni ceir Fiat, fod y sgowt Gigi Peronace yn mynd i Leeds, ac fe'i rhybuddiodd nad oedd i ddychwelyd i Turin heb lofnod John Charles ar gytundeb.

Roedd John yn awyddus i ymuno â 'la Vecchia Signora' ac roedd Juve yn cynnig £65,000 i Leeds am ei wasanaeth, ffi oedd yn record byd ar y pryd, a bron ddwywaith yn fwy na'r record flaenorol. Torrodd John Charles ei enw ar gytundeb â Juventus ym 1957 a symudodd i fyw mewn fflat moethus ar gyrion Turin, lle roedd yn sicr o gyflog anferthol o £10,000 dros ddwy flynedd o'i gymharu â'r £15 yr wythnos yr oedd yn ei ennill yn Leeds.

Roedd Juve yn mynd trwy gyfnod llwm ac wedi gorffen y tymor blaenorol y tu ôl i'w cymdogion a'u gelynion pennaf, Torino, ac felly roedd pawb yn disgwyl pethau mawr gan John Charles a'r chwaraewr newydd arall, yr Archentwr Omar Sivori.

Yn ystod ei dymor cyntaf sgoriodd John Charles 28 gôl yn erbyn amddiffynfeydd cybyddlyd yr Eidal a chipiodd Juventus y bencampwriaeth o naw phwynt. Sicrhaodd y tîm y bencampwriaeth eto ym 1959/60, ac am drydydd tro yn olynol ym 1960/1 yn ogystal â Chwpan yr Eidal ym 1958/9 a 1959/60. Cafodd 'Il gigante buono' (y cawr addfwyn), fel y gelwid John yn yr Eidal, ei ddewis fel chwaraewr y flwyddyn yr Eidal ym 1957.

Ym mis Awst 1962, gyda'i deulu'n awchu i gael dychwelyd i

Brydain, ailymunodd John Charles â Leeds United, ond methodd ag ymdopi â'r amgylchiadau yn Swydd Efrog. Nid oedd yn hoffi'r system ymarfer lym ac roedd yn ei chael hi'n anodd addasu i gyflymder y gêm yn Ail Adran Lloegr.

Wedi dim ond 11 gêm i dîm Don Revie dychwelodd John i'r Eidal at Roma ym mis Tachwedd 1962. Yn anffodus ni lwyddodd i ail-greu'r cyfnod euraidd yr oedd wedi ei fwynhau ag Juventus ac fe'i gorfodwyd i golli'r rhan fwyaf o'r tymor oherwydd anaf. Gadawodd Roma wedi chwarae 10 gêm yn unig i'r Giallorossi gan ddychwelyd, y tro hwn, i Gymru a Chaerdydd.

Treuliodd dri thymor ar Barc Ninian fel chwaraewr amddiffynnol unwaith eto. Er nad oedd mor chwim ag y bu yn ei anterth, roedd ei brofiad sylweddol yn gaffaeliad i glwb y brifddinas, yn enwedig yn eu gêmau yng Nghwpan Enillwyr Cwpanau Ewrop ym 1964/5.

Enillodd John Charles 38 cap dros Gymru rhwng 1950 a 1965, a phe bai heb fynd i chwarae yn yr Eidal mae'n sicr y byddai wedi ennill mwy o lawer. Gwnaeth ei ymddangosiad cyntaf fel amddiffynnwr canol yn 18 mlwydd a 71 diwrnod oed, a hynny yn erbyn Gogledd Iwerddon ym 1950 – y chwaraewr ieuengaf erioed i wisgo crys coch Cymru. Parhaodd ei record am 41 mlynedd nes y daeth Ryan Giggs i'r maes fel eilydd yn erbyn yr Almaen yn Nuremberg ym 1991. Ni chafodd John y gêm orau erioed – lai na blwyddyn wedi iddo fod yn sgubo'r teras fel prentis ar y Vetch, roedd yn eistedd yn yr un ystafell newid â'r chwaraewyr y bu'n eu haddoli, ac mae'n debyg i'r achlysur fod yn ormod iddo.

Bu'n rhaid iddo ddisgwyl 14 mis am ei ail gap, a hynny'n erbyn y Swistir yn Wrecsam. Unwaith eto teimlai'r dewiswyr nad oedd John wedi cael y gêm orau a bu bwlch o ddwy flynedd arall cyn iddo gasglu ei drydydd cap.

Ym 1953 cafodd ei ddewis i chwarae yn erbyn Gogledd Iwerddon, ond y tro hwn roedd yn y llinell flaen, ochr yn ochr â Trevor Ford. Rhwydodd ddwywaith wrth i Gymru drechu'r Gwyddelod dair gôl i ddwy, ac o hynny ymlaen yr oedd yn rhan allweddol o garfan Cymru.

Ar ddechrau gêmau rhagbrofol Cwpan y Byd 1958 roedd yn rhaid i'r Gymdeithas Bêl-droed ofyn i Juventus ystyried rhyddhau Charles ar gyfer eu gêmau yn erbyn Tsiecoslofacia a Dwyrain yr Almaen. Er i Umberto Agnelli ryddhau Charles ar gyfer y ddwy gêm yn erbyn Tsiecoslofacia ac ar gyfer y gêm yn erbyn Dwyrain yr Almaen yn Leipzig, gwrthododd ei ryddhau ar gyfer y gêm yn erbyn Dwyrain yr Almaen ar Barc Ninian. Roedd yn arwydd o'r hyn oedd i ddod. Dim ond 14 cap a enillodd John yn ystod ei gyfnod yn Juventus, ac roedd tri o'r rhain ar daith i Dde America ym 1962 mewn cyfnod pan oedd Juve yn ceisio dwyn perswâd ar Charles i arwyddo cytundeb newydd â'r clwb.

Wedi i Gymru drechu Israel a sicrhau eu lle yng Nghwpan y Byd 1958 yn Sweden daeth newyddion drwg i Charles ac i Gymru. Nid oedd yr Eidal wedi llwyddo i gyrraedd Cwpan y Byd ac o'r herwydd roedd Cymdeithas Bêl-droed yr Eidal wedi trefnu i chwarae Cwpan yr Eidal yn yr un cyfnod â Chwpan y Byd.

Bu'n rhaid i Gymdeithas Bêl-droed Cymru frwydro am wythnosau i geisio sicrhau bod Charles yn cael chwarae yn Sweden, gyda thîm Cymru yn paratoi ar gyfer Cwpan y Byd heb wybod a oeddent am gael cynnwys eu seren yn y tîm ai peidio.

Llwyddodd John Charles i gyrraedd Sweden 96 awr cyn y gêm agoriadol yn erbyn Hwngari, ac wedi tair gêm gyfartal yn y grŵp, roedd yn rhaid i Gymru wynebu Hwngari mewn gêm ailgyfle am yr hawl i wynebu Brasil yn rownd yr wyth olaf.

Er i Gymru drechu Hwngari cafodd John ei gicio, ei ddyrnu a'i golbio o'r chwiban cyntaf. Ni chafodd unrhyw fath o gymorth gan y dyfarnwr ac o'r herwydd nid oedd yn ddigon iach ar gyfer gêm Brasil. Llwyddodd ymosodwr ifanc Brasil, Pele, i rwydo unig gôl y gêm yn rownd yr wyth olaf gan yrru Cymru allan o'r twrnament.

Flynyddoedd yn ddiweddarach cefais y fraint o gwrdd â'r Brenin a gofynnais iddo a fyddai'r canlyniad wedi bod yn wahanol petai wedi bod yn holliach ar gyfer y gêm dyngedfennol honno. Chwarddodd wrth iddo ateb – 'Nid yn unig y bydden ni wedi trechu Brasil, byddai

Cymru wedi ennill Cwpan y Byd!' Ac wrth edrych yn ôl ar yrfa odidog y Cawr Addfwyn, mae'n rhaid cyfaddef nad oes llawer o Gymry a fyddai'n dadlau â hynny.

© Empics

Carwyn James

Er yr holl heip a'r disgwyliadau, cafodd Syr Clive Woodward a Llewod 2005 eu chwalu yn y tair gêm Brawf yn Seland Newydd. Roedd y tîm wedi gadael gyda'r gobaith o efelychu Llewod 1971, ond tîm Carwyn James yw'r unig dîm o Ynysoedd Prydain i faeddu'r Crysau Duon mewn cyfres ar eu tomen eu hunain.

Roedd Carwyn – ac, fel gwir arwr o Gymro, dim ond ei enw cyntaf sydd angen ei ddefnyddio wrth ei drafod – yn Gymro Cymraeg o'i gorun i'w sawdl. Cafodd ei fagu yn y sêt fawr, yr Ysgol Sul a'r seiat ac mewn eisteddfodau. Graddiodd o Brifysgol Aberystwyth, lle roedd ei arwyr, Gwenallt a T. H. Parry-Williams, yn diwtoriaid, gyda gradd mewn Iaith a Llenyddiaeth Gymraeg ac wedi iddo adael y coleg taflodd ei hun i mewn i wahanol feysydd a chyfrifoldebau cymdeithasol. Daeth yn ddiacon yn y capel lleol, yn ymgeisydd Plaid Cymru yn etholaeth Llanelli ac yn aelod o Orsedd y Beirdd, ond roedd Carwyn wedi gwneud enw iddo'i hun mewn maes arall cyn iddo fynd i'r coleg – fel maswr talentog ac athrylithgar ar y cae rygbi.

Roedd yn ddisgybl penigamp yn Ysgol Ramadeg Cwm Gwendraeth, a llwyddodd i serennu'n academaidd yn ogystal ag ar y meysydd chwarae. Nid â'r bêl hirgron yn unig yr oedd Carwyn yn disgleirio – roedd ei ddoniau â'r bêl gron cystal nes iddo gael cynnig prentisiaeth â Chlwb Pêl-droed Caerdydd.

Roedd Sadyrnau'r bachgen 16 mlwydd oed yn llawn wrth iddo chwarae rygbi i'r ysgol yn y bore ac i bentref Cefneithin yn y

54

prynhawn, a chafodd ei ddewis i gynrychioli tîm Ysgolion Cymru ar chwech achlysur.

Ymddengys bod y gallu ganddo i lwyddo mewn unrhyw gamp. Roedd yn gricedwr da, a chynrychiolodd dîm cyntaf y Tymbl yn ogystal â thorri record y sir am daflu pêl griced; roedd hefyd yn chwaraewr snwcer heb ei ail a threuliodd oriau yn chwarae ar fyrddau snwcer a biliards clwb Cefneithin.

Rygbi oedd yn mynd â'i fryd yn bennaf, fodd bynnag, a phan oedd yn cynrychioli'r pentref, yn enwedig yn y crys rhif 10, roedd yn arwr lleol. Roedd un bachgen ifanc o'r ardal yn ei addoli'n fwy nag unrhyw un arall, fodd bynnag, pan fyddai Carwyn yn ymarfer ei gicio ar faes y pentref. Mynnai hwn, bachgen o'r enw Barry John, ei holi'n dwll am y gêm pan fyddai'n casglu'r peli i'w arwr. Pan adawodd Carwyn y pentref i fynd i'r Brifysgol, ni wyddai y byddai llwybrau'r ddau yn croesi droeon yn y dyfodol.

Roedd Carwyn yn faswr tîm Ysgolion Cymru ac wedi chwarae llond dwrn o gêmau i dîm Llanelli cyn iddo gyrraedd Prifysgol Aberystwyth, ond er hynny ni chafodd ei le yn XV cyntaf y brifysgol. Roedd wedi methu'r treialon gan ei fod yn protestio yn erbyn cau gorsaf drenau Tregaron. Yn y brifysgol, bu'n llywydd ar Grŵp Plaid Cymru ym 1951 a 1952 ac yn aelod blaenllaw o'r clwb siarad cyhoeddus, a threuliodd gyfnod ar gyngor y myfyrwyr. Chwaraeai i ail dîm y coleg yn ogystal â thîm Rhydaman, a oedd yn trefnu tacsi i Aberystwyth i'w hebrwng i'r gêmau! Wedi tair blynedd o ryddid cymharol wrth chwarae i'r ail dîm, cafodd Carwyn ei benodi'n gapten y XV cyntaf yn ogystal â thîm criced y coleg yn ei flwyddyn olaf.

Ymunodd â'r Llynges Frenhinol er mwyn gwneud ei wasanaeth milwrol wedi iddo adael y coleg ym 1952. Roedd tîm rygbi'r Llynges yn llwyddiannus tu hwnt ar y pryd ac yn awyddus i barhau'r llwyddiant hwnnw trwy sicrhau chwaraewyr rygbi talentog ar wasanaeth milwrol. Ni fyddai'n rhaid i unrhyw chwaraewyr rygbi dreulio eiliad ar y môr er mwyn sicrhau eu bod ar gael i'r XV cyntaf. Cafodd Carwyn ei ddewis i hyfforddi fel codiwr, a chyda'r Rhyfel

Oer ar ei anterth bu'n rhaid iddo ddilyn cwrs Rwsieg. Nid oedd yn hoff o drefn a disgyblaeth y bywyd milwrol ond roedd ei allu â phêl rygbi yn agor drysau iddo. O fewn wythnos i gyrraedd Portsmouth roedd yn chwarae i'r XV cyntaf. Wedi iddo gwblhau ei hyfforddiant aeth i Ysgol Ieithoedd y Gwasanaethau Milwrol yn Coulsdon, Surrey lle cafodd ei groesawu gan gorporal o'r fyddin â'r geiriau, 'Ti'n chwarae ddydd Sadwrn!'

Yn ystod ei gyfnod yn Coulsdon sicrhaodd Carwyn fod yr ieithyddion yn cael eu tîm rygbi eu hunain, ac er nad oeddent yn cael cystadlu yng Nghwpan y Fyddin gan mai swyddogion y Llynges oeddent yn swyddogol, llwyddodd y tîm i drechu'r Gwarchodlu Cymreig wedi i'r gatrawd ddychwelyd o'r Almaen.

Treuliodd Carwyn flwyddyn yn chwarae â Chymry Llundain yn ogystal â chynrychioli XV y Llynges, ac yna cwblhaodd ei wasanaeth milwrol ym 1954 a chael gwahoddiad gan Glwb Rygbi Abertawe i ymuno â hwy ar eu taith i Romania, lle roedd ei allu i siarad Rwsieg yn gaffaeliad!

Cafodd gynnig ymuno â Chlwb Rygbi XIII Oldham, ond nid oedd unrhyw beth am ei gadw rhag dychwelyd i Gymru. Treuliodd gyfnod byr yn dysgu Cymraeg yn Ysgol Ramadeg y Frenhines Elizabeth yng Nghaerfyrddin, penodiad oedd yn ei alluogi i chwarae i Lanelli, cyn cael swydd fel athro Cymraeg yng Ngholeg Llanymddyfri. Roedd Carwyn yn athro poblogaidd gyda'r disgyblion, yn enwedig gydag aelodau'r Gymdeithas Gymraeg, ac mae'n siŵr bod y ffaith ei fod ar fin ymuno â'r tîm cenedlaethol yn ffactor mawr yn hynny o beth!

Cafodd Carwyn y cyntaf o'i ddau gap dros Gymru yn erbyn Awstralia ym 1958 wedi i'r maswr arferol, Cliff Morgan, ddioddef anaf. Llwyddodd i gipio gôl adlam ar Barc yr Arfau wrth i'r tîm cartref ennill o naw phwynt i dri. Wedi i Morgan ddychwelyd ar gyfer Pencampwriaeth y Pum Gwlad ceisiodd y dewiswyr sicrhau'r gorau o ddau fyd wrth ddewis Carwyn yn safle'r canolwr yn erbyn Ffrainc, ond methodd Carwyn â gwneud unrhyw argraff yno wrth i'r Ffrancwyr ennill yng Nghaerdydd am y tro cyntaf erioed.

Wedi 12 mlynedd yng Ngholeg Llanymddyfri penderfynodd Carwyn geisio am swydd ddarlithio yng Ngholeg y Drindod, Caerfyrddin. Gyda Gwenallt a T. H. Parry-Williams yn ei gymeradwyo ar ei ffurflen gais, roedd yn anorfod y byddai ei gais yn un llwyddiannus. Tra oedd yn darlithio yng Nghaerfyrddin daeth gwahoddiad iddo gymryd swydd hyfforddwr ar Barc y Strade, ac yn ystod ei gyfnod yn hyfforddi'r Scarlets cafodd ei enw ei grybwyll gan Undeb Rygbi Cymru ar gyfer swydd hyfforddwr y Llewod ar eu taith i Seland Newydd ym 1971.

Nid oedd Carwyn yn ddewis amlwg ar gyfer y swydd. Roedd ei ddaliadau gwleidyddol cryf yn debygol o fod yn anhawster iddo yn hynny o beth. Safodd fel ymgeisydd Plaid Cymru yn etholaeth Llanelli yn Etholiad Cyffredinol 1970 a chafodd dros 8,000 o bleidleisiau; yr un nifer, fel yr awgrymodd un wàg, â thorf Parc y Strade ar brynhawn Sadwrn. O fewn wythnosau i'w gyfweliad ar gyfer swydd y Llewod roedd yn cymryd rhan mewn protest yng Nghilmeri yn erbyn arwisgo'r Tywysog Siarl yng Nghaernarfon. Ym 1969, wrth i Lanelli herio'r Springboks ar Barc y Strade, gwrthododd Carwyn â gwylio'r gêm gan aros yn yr ystafell newid am yr 80 munud fel protest yn erbyn system apartheid y wlad. Ond er ei safiad moesol bryd hynny, mae'n rhaid ei fod wedi newid mymryn ar ei safbwynt gan y bu'n ymwelydd cyson â De Affrica fel gohebydd rygbi yn ystod y 1970au, gan siomi nifer o'i gydgenedlaetholwyr.

Er gwaethaf ei ddaliadau gwleidyddol cyhoeddus, cafodd Carwyn ei benodi'n hyfforddwr ar y tîm o Ynysoedd Prydain ac Iwerddon a fyddai'n herio'r Crysau Duon ar eu tomen eu hunain. Cyn teithio i Seland Newydd roedd Carwyn wedi gwneud ei waith cartref gan wylio'r Crysau Duon yn ogystal â chlybiau a rhanbarthau'r wlad. Roedd ei baratoadau'n drylwyr, a bu'n trafod systemau hyfforddi â chlwb pêl-droed Manchester United a chlwb Rygbi XIII Wigan. Roedd ei ffordd dactegol o feddwl yn wych, a chyda cynlluniau athrylithgar Carwyn i wrthymosod a chadw'r bêl yn fyw, llwyddodd y Llewod i greu hanes wrth iddynt ennill y gyfres.

Wedi'r daith llwyddodd Carwyn i drechu'r Crysau Duon unwaith eto wrth i Lanelli ennill yn erbyn y teithwyr o Seland Newydd ar brynhawn chwedlonol ym 1972.

Ym 1974, wedi ffrae gyhoeddus ag Undeb Rygbi Cymru, gadawodd Carwyn ei swydd â Choleg y Drindod er mwyn canolbwyntio ar ei waith newyddiadurol. Roedd yn ysgrifennu colofn rygbi wythnosol ym mhapur newydd y *Guardian* yn ogystal â gweithio fel gohebydd criced i'r papur yn ystod yr haf. Roedd hefyd yn llais ac yn wyneb cyfarwydd ar raglenni rygbi BBC Cymru yn Gymraeg a Saesneg, ond ni allai gadw draw o'r byd rygbi yn rhy hir. Erbyn 1977 roedd Carwyn wedi derbyn swydd hyfforddi yn yr Eidal, lle roedd yn gobeithio meithrin talent rygbi ifanc y wlad. Treuliodd ddwy flynedd hapus yno, gan droi clwb Rovigo o fod yn dîm cyffredin i fod yn bencampwyr yr Eidal.

Ym 1983 bu farw Carwyn yn dilyn trawiad ar y galon mewn gwesty yn Amsterdam. Roedd yn 53 mlwydd oed, a daeth diweddglo cynnar i hanes un o gewri campau Cymru.

© Empics

Terry Griffiths

Wrth gael ei holi gan ohebydd snwcer y BBC, David Vine, yn dilyn ei fuddugoliaeth dros Eddie Charlton yn rownd gynderfynol Pencampwriaeth Snwcer y Byd ym 1979, roedd Terry Griffiths yn amlwg wedi ei synnu. 'Dwi yn y rownd derfynol rŵan!' meddai wrth y gohebydd wrth iddo ddechrau sylweddoli ei gamp. Dim ond ers blwyddyn yr oedd Terry'n chwarae yn broffesiynol ac yn ei ail bencampwriaeth roedd ar drothwy'r wobr fwyaf ym myd snwcer.

Daeth y rownd derfynol a llwyddodd Terry i greu hanes wrth iddo drechu Dennis Taylor a sicrhau mai ef oedd y chwaraewr cyntaf erioed i gychwyn yn y rowndiau rhagbrofol a llwyddo i gipio Pencampwriaeth Snwcer y Byd.

Fel bachgen ifanc yn Llanelli roedd Terry'n dipyn o ddihiryn, a byddai'n gwneud pob math o ddrygioni gyda'i grŵp o ffrindiau. Er hyn, llwyddodd i basio ei arholiadau *Eleven Plus* a sicrhau ei le yn Ysgol Ramadeg Llanelli. Nid oedd yn or-hoff o'i ysgol newydd gan fod ei ffrindiau i gyd yn yr Ysgol Gyfun, ac o'r herwydd dechreuodd osgoi mynd i'r ysgol, gan fethu bron i ddau dymor cyfan yno. Yn y diwedd cafodd ei ddiarddel a bu'n rhaid iddo fynychu'r Ysgol Gyfun fel ei ffrindiau, ac, wrth gwrs, roedd yn llawer hapusach yno. Cafodd ei ddewis i chwarae rygbi i'r ysgol ynghyd â Phil Bennett a Derek Quinnell, ond camp dra gwahanol oedd wedi mynd â bryd Terry.

Roedd ei daid, Freddie, yn chwaraewr biliards heb ei ail, ac o'r herwydd roedd gan y teulu fwrdd snwcer bychan yn y tŷ gyda hen giw wedi ei dorri'n fyr i alluogi Terry a'i frawd, Barrie, i chwarae.

Er hyn, ni chymerodd Terry at y gamp o ddifrif nes iddo ddechrau ymweld â chlwb snwcer Hatcher's yn y dref yn ystod ei awr ginio pan oedd yn 14 mlwydd oed. Roedd wrth ei fodd yn gwylio'r dynion hŷn yn chwarae ac ambell waith byddai'n cael cyfle i chwarae – ar fwrdd o'r golwg, wrth gwrs, gan nad oedd yn ddigon hen i fod yn y clwb mewn gwirionedd. Talai Terry chwe cheiniog am 20 munud ar y bwrdd a dechreuodd rownd bapur er mwyn cael arian i chwarae. Roedd yn ddigon craff i sylwi bod nifer o'r chwaraewyr yn chwarae ar y sail bod y sawl a gollai yn talu'r chwe cheiniog. Roedd hynny'n hwb i Terry ganolbwyntio ar wella ei gêm er mwyn osgoi defnyddio ei enillion prin i dalu am gêmau!

Ei arwyr bryd hynny oedd tîm cyntaf y clwb, a phan gafodd wahoddiad i ymuno â'r tîm pan oedd yn 15 mlwydd oed roedd ar ben ei ddigon. Gan ei fod yn rhy ifanc i fod yn aelod swyddogol o'r tîm bu'n rhaid i'r capten ofyn caniatâd eu gwrthwynebwyr cyn y câi Terry chwarae, ond profodd ei werth gan ennill tair o'i chwe gêm gyntaf.

Ym 1963, pan oedd yn 16 mlwydd oed, cafodd lwyddiant am y tro cyntaf fel y chwaraewr ieuengaf erioed i ennill Pencampwriaeth Snwcer Tref Llanelli – record a barhaodd nes i fab hynaf Terry, Wayne, gipio'r bencampwriaeth ym 1986.

Roedd Terry eisoes wedi gadael yr ysgol ac wedi cael swydd ym mhwll glo Graig Merthyr yn ennill £4 yr wythnos yng ngweithdy'r gof, ond roedd yr oriau hir yn golygu na allai chwarae cymaint o snwcer. Wedi dwy flynedd yn y swydd gadawodd er mwyn gweithio gyda chwmni bysys Llanelli ac yma, tra oedd ar shifft hwyr, y cyfarfu â'i wraig, Annette. Roedd y swydd hefyd yn caniatáu iddo dreulio mwy o amser ar y bwrdd snwcer, ac o fewn dim roedd wedi cipio Pencampwriaeth Gorllewin Cymru.

Priododd ag Annette ym 1969, a chafodd waith fel postmon er mwyn ei alluogi i ganolbwyntio hyd yn oed yn fwy ar ymarfer, ond ym 1971, yn dilyn streic bost, collodd ei swydd. Er fod hyn yn golygu y gallai chwarae snwcer trwy'r dydd, nid oedd hynny'n rhoi bwyd ar y bwrdd, a chan fod Annette wedi rhoi genedigaeth i'w mab cyntaf, Wayne, flwyddyn yn gynharach roedd yn rhaid i Terry chwilio am waith. Y tro hwn cafodd waith gyda chwmni yswiriant yn gwerthu polisïau o ddrws i ddrws, a chan mai gyda'r nos y byddai'n gwneud ei alwadau gallai ymarfer ei snwcer yn ystod y dydd gan edrych ar ôl Wayne a'i ail fab, Darren, yr un pryd.

Ym 1972 cyrhaeddodd rownd derfynol Pencampwriaeth Snwcer Amatur Cymru am y tro cyntaf, ac er iddo golli roedd yn ffyddiog y câi ei ddewis i gynrychioli Cymru. Roedd yn gryn ergyd i'w hyder pan na chafodd le yn y tîm.

Erbyn hyn roedd Terry'n teithio ar hyd a lled Prydain yn chwarae mewn pencampwriaethau. Enillai ambell gystadleuaeth, ond nid oedd yn gwneud arian mawr ac roedd yn dechrau colli'r awch i chwarae.

Ym 1973 methodd â gwneud argraff ym Mhencampwriaeth Cymru ond cafodd ei ddewis i chwarae dros Gymru am y tro cyntaf yn erbyn Iwerddon yn Nulyn ac yn erbyn yr Alban yng Nghaeredin. Enillodd y ddwy gêm. Roedd hynny'n hwb sylweddol iddo mewn cyfnod tyngedfennol ac aeth yn ei flaen i goroni'r cyfan wrth iddo ennill Pencampwriaeth Cymru ym 1975.

Fel pencampwr Cymru cafodd wahoddiad i deithio i Bencampwriaethau Amatur y Byd yn Ne Affrica ym 1976, ac roedd y profiad o westai moethus Johannesburg ynghyd â chwarae yn erbyn rhai o brif chwaraewyr y byd yn ddigon i wneud iddo ailddarganfod ei awch i chwarae snwcer.

Y tymor canlynol roedd Terry ar dân wrth iddo gipio Pencampwriaeth Amatur Lloegr, a chafodd ei demtio i droi'n chwaraewr proffesiynol. Ar y pryd, dim ond Pencampwr Amatur y Byd a Phencampwr Amatur Lloegr oedd yn cael gwneud cais i gorff llywodraethol y byd snwcer, y World Professional Billiards and Snooker Association (WPBSA), i droi'n broffesiynol. Wedi meddwl yn ddwys, penderfynodd Terry ei fod yn awyddus i chwarae unwaith eto ym Mhencampwriaeth Amatur y Byd cyn troi'n broffesiynol ac felly aeth ati i ganolbwyntio ar ennill yng Nghymru am yr eildro.

Dri diwrnod yn unig wedi iddo gipio Pencampwriaeth Amatur Lloegr, collodd yn rownd yr wyth olaf ym Mhencampwriaeth Cymru a diflannodd ei obeithion am le ym Mhencampwriaethau'r Byd. Roedd yn ergyd drom i Terry ond llwyddodd i frwydro'n ôl wrth iddo gyrraedd rownd derfynol y Gystadleuaeth Pro-Am yng Ngwersyll Gwyliau Pontins ym Mhrestatyn.

Ar arfordir y gogledd llwyddodd Terry i drechu Cliff Thorburn, Eddie Charlton, Perrie Mans a Dennis Taylor cyn colli yn y rownd derfynol yn erbyn Alex Higgins. Roedd y siec o £1,000 yn bwysig iddo, ond yn bwysicach na hynny cafodd Terry ei hyder yn ôl wrth iddo sylweddoli y gallai gystadlu â goreuon y byd proffesiynol. Felly, wedi iddo amddiffyn coron Amatur Lloegr ym 1978, penderfynodd gymryd y cam enfawr a cheisio am drwydded fel chwaraewr proffesiynol.

Yn ogystal â Phencampwriaeth y Byd ym 1979, llwyddodd Terry i ennill Meistri'r Benson & Hedges ym 1980, Pencampwriaeth Meistri Iwerddon ar dri achlysur rhwng 1980 a 1982, Pencampwriaeth Broffesiynol Cymru ym 1985, 1986 a 1988 a phencampwriaeth *Pot Black* y BBC ym 1984. Roedd hefyd yn aelod o dîm buddugol Cymru, ynghyd â Doug Mountjoy a Ray Reardon, a gipiodd Gwpan Snwcer y Byd ym 1979 a 1980. Llwyddodd hefyd i gyrraedd rownd derfynol Pencampwriaeth Snwcer y Byd am yr eildro ym 1988 gan wynebu Steve Davis, ond colli fu ei hanes.

Erbyn heddiw mae Terry'n rhedeg ei glwb snwcer ei hun yn Llanelli, lle mae'n gobeithio meithrin talent y dyfodol, ac mae'n falch iawn bod y clwb wedi ei ddewis fel Academi Snwcer Cymru. Yn ogystal â bod yn llais cyfarwydd ar raglenni snwcer y BBC, mae Terry hefyd yn hyfforddi dau o chwaraewyr gorau'r byd, sef Mark Williams a Stephen Hendry.

© *Keith Williams*
www.sportpixs.co.uk

Robert Croft

Roedd camu ar faes yr Oval ym mis Awst 1996 ar gyfer y trydydd Prawf â Phacistan yn deimlad od i'r Cymro o Dreforys, Robert Croft, gan ei fod yn cynrychioli Lloegr am y tro cyntaf. Wedi dweud hynny, roedd wedi gweithio'r cwbl allan yn rhesymegol. Yn ei farn ef, roedd chwarae criced i Loegr yr un fath â chwarae i'r Llewod yn y byd rygbi, tra bod chwarae i Forgannwg fel chwarae i Gymru.

Dechreuodd Robert ddisgleirio ar y llain griced pan oedd yn yr ysgol wrth iddo serennu yng Nghynghrair Ieuenctid De Cymru gyda thîm Ysgolion Cymru cyn iddo ymuno â chlwb criced Abertawe.

Cafodd ei gyfle cyntaf â thîm Morgannwg wedi i Rodney Ontong orfod ymddeol o'r gamp oherwydd anaf yn dilyn damwain car ym 1988. O fewn dwy flynedd roedd Robert wedi ei ddewis i deithio i India'r Gorllewin â thîm 'A' Lloegr a llwyddodd y troellwr i ennill ei gap gan y sir Gymreig ym 1992 wedi iddo gymryd 68 wiced yn ystod y tymor.

Roedd dewiswyr Lloegr yn amlwg yn cadw llygad ar y Cymro dawnus a chafodd ei ddewis i fynd ar daith gyda thîm 'A' Lloegr am yr eildro yn ystod gaeaf 1993/4 wrth i'r garfan ymweld â De Affrica. Tra roedd yno, llwyddodd Robert i weithio ar ei fatio gyda hyfforddwyr Lloegr, a dychwelodd i Forgannwg gyda sgiliau gwell â'r bat i ychwanegu at ei allu amlwg â'r bêl.

Amlygwyd ei ddoniau newydd gyda'r bat wrth iddo sgorio 143 o rediadau yn erbyn Gwlad yr Haf yn Taunton ym 1995 – sgôr sy'n sefyll o hyd fel ei record fatio – a dechreuodd Robert ddod yn gyfarwydd fel batiwr ymosodol yn y gêmau undydd. Roedd ei sgiliau batio, wedi eu cyplysu â'i droelli cywir, yn denu sylw dewiswyr Lloegr gan eu bod yn awyddus i'w bowlwyr fod yn fwy effeithiol wrth sgorio rhediadau yn ogystal â chymryd wicedi.

Wedi i Bacistan gipio'r Prawf cyntaf ym 1996, ac yn dilyn gêm gyfartal yn yr ail Brawf, cafodd Robert ei alw i'r tîm ar gyfer Prawf olaf yr haf – y trydydd Prawf – ynghyd ag Ian Salisbury. Er i Loegr golli'r Prawf, roedd perfformiad Robert Croft yn ddigon i sicrhau ei le yn y tîm ar gyfer taith 1996/7 i Zimbabwe a Seland Newydd.

Roedd yn y tîm ar gyfer y ddau Brawf yn erbyn Zimbabwe yn Harare wedi ei berfformiadau canmoladwy yn erbyn Mashonaland a Matabeleland, perfformiadau a welodd y Cymro'n cipio pedair wiced yn y ddwy gêm yn ogystal â sgorio 80 o rediadau heb fod allan yn erbyn Mashonaland. Wedi i'r tîm symud ymlaen i Seland Newydd, cipiodd Robert 10 wiced yn ystod y Profion wrth i Loegr ennill y gyfres yn erbyn y Kiwis o ddwy gêm i ddim.

Cafodd haf digon annifyr ym 1997 wrth iddo ddioddef yn erbyn batio Awstralia yng Nghyfres y Lludw, ac yn dilyn ffrae gyhoeddus â Mark Illott o Essex yn ystod rownd gynderfynol Tlws Nat West cafodd Robert waharddiad o ddwy gêm wedi ei ohirio. Roedd y ddau yn ffrindiau da ac roedd eu gwragedd yn eistedd gyda'i gilydd yn yr eisteddle pan ddechreuodd y ddau ddadlau a gwthio'i gilydd wedi i Illott apelio am gael gadael y maes oherwydd golau gwael.

Yn ffodus roedd gwell i ddod ar ddiwedd yr haf wrth i Forgannwg ennill y bencampwriaeth am y tro cyntaf er 1969. Chwaraeodd Robert ran allweddol yn hynny, gan gymryd 54 wiced mewn 13 gêm yn ogystal ag ychwanegu 577 o rediadau, gan ei adael â chyfartaledd o 33.94 am y tymor.

Treuliodd Robert y gaeaf ar daith Lloegr i Sharjah ac India'r Gorllewin, ond wedi'r ergyd i'w hyder yn erbyn Awstralia roedd dewiswyr Lloegr yn gyndyn iawn o'i ddewis yn rheolaidd a phrin iawn fu ei gyfleoedd yn y Caribî. Er hynny, dychwelodd i dîm Lloegr

64

ar gyfer y tri phrawf agoriadol yn erbyn De Affrica. Er iddo fethu â chymryd wiced wrth ildio dros 200 o rediadau yn erbyn y Springboks, cafodd ei awr fawr fel batiwr Prawf wrth rwystro bowlwyr De Affrica a sicrhau gêm gyfartal i Loegr â pherfformiad arwrol o 37 heb fod allan. Collodd ei le ar gyfer y ddwy gêm Brawf olaf cyn cael ei alw i dîm undydd Lloegr ar gyfer y gêmau yn erbyn Sri Lanka a De Affrica, ac er na chafodd ei le yn gyson yn nhîm Lloegr ar gyfer Cyfres y Lludw yn ystod y gaeaf, chwaraeodd rôl allweddol yn y gêmau undydd yn erbyn y tîm cartref a Sri Lanka.

Er gwaethaf diffyg cyfleoedd yn y tîm Prawf, llwyddodd Robert i ddod yn gyfartal â record Allan Watkins am y nifer fwyaf o gapiau pan yn chwarae dros Forgannwg wrth iddo ennill ei bymthegfed cap Prawf yng ngêm gyntaf y gyfres yn Brisbane.

Ym mis Mawrth 1999 cafod Robert ei enwi yng ngharfan Lloegr ar gyfer Cwpan y Byd, y chwaraewr cyntaf o Forgannwg i gael y fraint o chwarae yn y gystadleuaeth, ond methodd â sicrhau ei le yn y tîm Prawf i herio Seland Newydd, ac ar gyfer y daith i Dde Affrica. Wedi seibiant dros y gaeaf cafodd Robert ei le yn ôl yn nhîm Lloegr ar gyfer 2000, oedd hefyd yn flwyddyn dysteb iddo ym Morgannwg.

Yn erbyn India'r Gorllewin, llwyddodd i sefydlu record newydd i Forgannwg wrth iddo ennill ei unfed cap ar bymtheg ac wedi taith lwyddiannus i Sri Lanka, lle creodd bartneriaeth ffrwythlon ag Ashley Giles, cafodd ei ddewis ar gyfer Cyfres y Lludw. Yn dilyn cyrch terfysgol Medi'r 11eg, penderfynodd Robert nad oedd am deithio i India gyda thîm Lloegr ac am ddwy flynedd cafodd ei anwybyddu gan y dewiswyr.

Parhaodd i ddisgleirio dros Forgannwg, a chyda Steve James yn dioddef o anaf arweiniodd Robert y sir wrth iddynt gipio'r Gynghrair Undydd yn 2002. Yn yr un flwyddyn cafodd ei ddewis yn chwaraewr gorau'r gêm wrth i Gymru chwalu Lloegr o wyth wiced mewn gêm undydd yng Ngerddi Soffia – y tro cyntaf erioed i'r ddwy wlad herio ei gilydd ar y llain griced.

Yn 2003 cafodd Robert ei benodi'n gapten Morgannwg, ac wedi

perfformiad gwych i Loegr yn y Bencampwriaeth Criced chwech-pob-ochr yn Hong Kong cafodd ei ddewis i deithio i Sri Lanka gyda Lloegr yn 2003/4. Dim ond 14 pelawd a gafodd yn ystod y daith gyfan ac ni chafodd ei le yn yr un o'r timau Prawf wrth i'r dewiswyr wfftio ei brofiad a chadw at bartneriaeth Ashley Giles a Gareth Batty.

O'r herwydd, ym mis Ionawr 2004, cyhoeddodd Robert ei fod yn ymddeol o griced rhyngwladol wedi 21 cap Prawf yn ogystal â 50 ymddangosiad i dîm undydd Lloegr – record i chwaraewr Morgannwg.

Roedd ei benderfyniad yn sbardun i'w gêm â Morgannwg wrth iddo arwain y clwb i lwyddiant yn y Gynghrair Undydd a sicrhau dyrchafiad iddynt i Adran Gyntaf Pencampwriaeth y Siroedd, yn ogystal â chyrraedd rownd gynderfynol Tlws yr Ugain Pelawd yn 2004.

© BBC

Barry John

Ym 1972 synnwyd y byd rygbi wrth i seren tîm Cymru, y Brenin Barry John, gyhoeddi ei fod yn ymddeol o'r gamp. Daeth y cyhoeddiad lai na blwyddyn wedi iddo ddisgleirio ar gaeau rygbi Seland Newydd gyda'r Llewod ym 1971 gan sgorio 188 o bwyntiau mewn 17 gêm ar y daith i Wlad y Cwmwl Hir Gwyn.

Cafodd Barry ei fagu ym mhentref Cefneithin, cartref yr hyfforddwr athrylithgar Carwyn James, a threuliodd oriau yn gwylio'i arwr yn ymarfer ar faes y pentref ac yn ei holi'n dwll am y gêm. Dilynodd Barry ôl traed Carwyn wrth iddo chwarae yn safle'r maswr i XV cyntaf Ysgol Ramadeg Gwendraeth – llwybr a rodiwyd gan ddau o faswyr eraill Cymru, Gareth Davies a Jonathan Davies, rai blynyddoedd yn ddiweddarach.

Roedd William, tad Barry, yn benderfynol fod ei fab am lwyddo'n academaidd er mwyn iddo osgoi gorfod gweithio yn y pwll glo. Mynnai fod Barry'n rhoi ei drwyn ar y maen ac yn cwblhau ei waith cartref cyn gynted ag y byddai'n cyrraedd adref o'r ysgol. Er hynny, roedd Barry yn colli rhai dyddiau ysgol ar adegau er mwyn cynrychioli tîm rygbi Heddlu Caerfyrddin mewn gêmau ganol wythnos! Roedd heddweision y sir yn amlwg wedi sylwi ar ei dalent aruthrol, ond cafodd Barry ei anwybyddu'n llwyr gan ddewiswyr tîm Ysgolion Cymru, a bu bron iddo droi ei gefn ar yrfa bosibl ym myd rygbi pan oedd yn 15 oed.

Mae gan Gymru, y Llewod a'r byd rygbi'n gyffredinol lawer i

ddiolch amdano i ddau ŵr am eu dyfalbarhad wrth ddwyn perswâd ar Barry i barhau â'i rygbi. Roedd Mr Edwards, ei athro Ffiseg, a Carwyn yn allweddol wrth godi ei ysbryd a bu Mr Edwards yn ei yrru i dreialon rygbi ledled de Cymru.

Y flwyddyn ganlynol dechreuodd Barry chwarae fel maswr i dîm cyntaf Cefneithin, ac wedi dim ond dau dymor gyda chlwb ei filltir sgwâr cafodd lythyr yn ei wahodd i chwarae i un o glybiau enwocaf y byd rygbi, Llanelli.

Yn ei gêm gyntaf i'r Scarlets sgoriodd holl bwyntiau'r clwb wrth iddo groesi am gais, a chafodd sioc wrth i'r capten, Marlston Morgan, ofyn iddo cynnig tro ar y trosiad. Er iddo lwyddo, colli o chwe phwynt i bump yn erbyn Moseley oedd hanes Llanelli'r diwrnod hwnnw. Ni fu hynny'n rhwystr i Barry – cyn pen dim roedd yn aelod parhaol o dîm Parc y Strade.

Wedi iddo gwblhau ei arholiadau lefel A penderfynodd Barry fynd i Goleg y Drindod, Caerfyrddin i ddilyn cwrs hyfforddi fel athro, a thra oedd yn y coleg cafodd ei alw i garfan Cymru am y tro cyntaf.

Awstralia oedd gwrthwynebwyr Cymru ym mis Rhagfyr 1966 ar gyfer gêm gyntaf Barry – yr un wlad ag a oedd wedi herio Cymru ar ymddangosiad cyntaf Carwyn dros ei wlad. Er i Gymru golli gartref am y tro cyntaf ers 1963, cadwodd Barry ei le yn y tîm ar gyfer y gêm ganlynol yn erbyn yr Alban yng Nghaeredin. Ni pharhaodd ei lwc y tro hwn – cafodd ei ddisodli wedi i'r Albanwyr ennill o bum pwynt i ddim ym Murrayfield a chymerodd David Watkins ei le yn y crys rhif 10.

Ar ddiwedd Pencampwriaeth y Pum Gwlad synnwyd y byd rygbi wrth i David Watkins ddewis troi'n broffesiynol ac ymuno â chlwb Rygbi XIII Salford. O'r herwydd, ailenillodd Barry ei le yn nhîm Cymru ar gyfer ymweliad Seland Newydd â Pharc yr Arfau ym mis Tachwedd 1967.

Roedd y gêm yn erbyn y Crysau Duon yn un nodweddiadol. Daeth un o bartneriaethau enwocaf y byd chwaraeon i'r cae am y tro cyntaf erioed wrth i G. O. Edwards a B. John ymddangos ochr yn ochr â'i gilydd yn nhîm Cymru. 'Tafla di'r bêl ... 'na i ei dal hi!' Un o frawddegau mwyaf adnabyddus y byd rygbi, brawddeg a ynganwyd gan Barry ar brynhawn gwlyb ac oer ar faes rygbi Coleg y Drindod wrth i Gareth a yntau baratoi ar gyfer treialon Cymru, a sail syml i bartneriaeth hir ar y cae gyda Chaerdydd, Cymru a'r Llewod. Bu'n rhaid i'r ddau ddisgwyl am bum gêm ryngwladol arall cyn chwarae gyda'i gilydd dros Gymru, ond wedi iddynt ffurfio'r bartneriaeth ni chwaraeodd Barry gyda'r un mewnwr arall yn y 23 gêm a oedd yn weddill o'i yrfa ryngwladol gyda Chymru.

Ym 1968 cafodd Barry ei ddewis i deithio i Dde Affrica gyda'r Llewod ond, yn anffodus, torrodd bont ei ysgwydd yn y Prawf cyntaf yn Pretoria wrth iddo geisio croesi am gais cynnar. Cafodd ei ddal gan flaenasgellwr y Springboks, Jan Ellis, a'i hyrddio i'r llawr, a dyna a achosodd yr anaf. Er iddo aros gyda'r Llewod am weddill y daith roedd yn hynod siomedig na allai chwarae.

Anghofiodd ei siom dair blynedd yn ddiweddarach wrth i'r Llewod deithio i Seland Newydd. Ar y daith hon y coronwyd Barry'n frenin.

Wedi cipio'r Gamp Lawn gyda Chymru, teithiodd Barry gyda dwsin o'i gyd-Gymry i herio'r Crysau Duon yng ngharfan y Llewod gyda'i arwr, Carwyn James, wrth y llyw. Ystyriodd Barry wrthod y gwahoddiad i deithio gan ei fod mor flinedig wedi tymor caled â Chymru ym Mhencampwriaeth y Pum Gwlad. Yn ffodus i'r Llewod llwyddodd ei wraig, Jan, i ddwyn perswâd arno i ymuno â'r garfan yn hytrach na threulio'r haf yn chwarae criced i dîm y Bont-faen!

Roedd y penderfyniad yn un enfawr, gan i Barry chwarae rhan allweddol ym muddugoliaeth y Llewod yn y gyfres yn Seland Newydd – yr unig dro i dîm Prydeinig ennill cyfres oddi cartref yn erbyn y Crysau Duon.

Sgoriodd 188 pwynt ar y daith – record sy'n parhau hyd heddiw, a hynny er mai triphwynt yn unig oedd gwerth cais bryd hynny o'i gymharu â phum pwynt erbyn heddiw.

Dechreuodd y daith â dwy gêm ranbarthol yn Awstralia cyn i'r garfan hedfan i Seland Newydd i brofi croeso ffyrnig timau rhanbarthol y wlad wrth i'r Llewod baratoi ar gyfer y Prawf cyntaf.

Er gwaethaf chwarae mileinig y timau rhanbarthol, gwrthododd y Llewod ag ildio a llwyddodd yr ymwelwyr i chwarae rygbi agored athrylithgar gyda Barry'n chwarae rygbi gorau'i yrfa.

Llwyddodd Barry i drosi dwy gic gosb wrth i'r Llewod ennill o naw phwynt i chwech yn y Prawf cyntaf yn Dunedin, ac er i'r Crysau Duon ddod â'r gyfres yn gyfartal gyda buddugoliaeth yn yr ail Brawf, roedd Barry'n prysur gwneud enw iddo'i hun yng Ngwlad y Cwmwl Hir Gwyn.

Roedd ei ddoniau athrylithgar yn amlwg, a'i rediadau celfydd a'i feddwl tactegol yn dal sylw pawb. Roedd hyd yn oed gohebwyr rygbi sinicaidd papurau Seland Newydd, a fyddai fel rheol yn gwarafun canu clod unrhyw chwaraewr o hemisffer y gogledd, yn cyfeirio ato fel y Brenin.

Mae stori boblogaidd yn deillio o'r daith sy'n sôn bod criw o gefnogwyr y Llewod wedi cyfarfod grŵp o efengylwyr y tu allan i un o'r gêmau ar y daith. Roedd yr efengylwyr yn cario baneri ac arnynt y cwestiwn: 'Beth fyddai Iesu Grist yn ei wneud pe bai'n dod yn ôl i'r ddaear?' Trodd un o'r cefnogwyr at yr efengylwyr a dweud, 'Mae o yma'n barod, ac mae'n gwisgo rhif 10 i'r Llewod!'

Yn y trydydd Prawf sicrhaodd Barry ei le yn oriel anfarwolion y Llewod wrth iddo sgorio cais, dau drosiad a gôl adlam yn erbyn y Crysau Duon. Gyda gêm gyfartal wedyn yn y Pedwerydd prawf, y Prawf olaf, roedd y Llewod wedi cipio'r gyfres a sicrhau bod rygbi ar dudalennau cefn papurau trymion Llundain am y tro cyntaf ers tro byd.

Roedd miloedd ar filoedd o gefnogwyr yn disgwyl y tîm ym maes awyr Heathrow pan ddaethant yn ôl o Seland Newydd, ac wrth i'r garfan gamu oddi ar yr awyren roedd yr olygfa'n debycach i'r math o groeso y byddai sêr pop yn ei gael na'r croeso oedd y chwaraewyr rygbi o Gefneithin yn ei ddisgwyl!

Gwrthododd Barry gynigion i chwarae Rygbi XIII gan glybiau Wigan a St Helens, a ffarweliwyd â'r Brenin ym 1972 wedi iddo benderfynu nad oedd yn mwynhau chwarae'r gamp mwyach – hynny'n rhannol am ei fod yn byw dan chwyddwydr y wasg Gymreig ac yn llygad y cyhoedd o fore gwyn tan nos. Gŵr preifat iawn yw Barry John, ac roedd gorfod rhannu ei fywyd â'r holl gefnogwyr rygbi yn ormod iddo.

Mae'n dweud llawer am falchder Cymreig a blaenoriaethau personol Barry John mai gêm dysteb rhwng XV Carwyn James a XV Barry John er mwyn codi arian i Urdd Gobaith Cymru oedd ei gêm olaf erioed ar unrhyw faes rygbi. Er ei fod yn frenin ar y cae, nid oedd hwn wedi anghofio'i wreiddiau.

Ivor Allchurch

Roedd 1958 yn flwyddyn enfawr i chwaraeon yng Nghymru wrth i Gaerdydd gynnal Gêmau'r Gymanwlad tra bod y tîm pêl-droed cenedlaethol wedi cyrraedd Pencampwriaeth Cwpan y Byd am y tro cyntaf a'r unig dro yn ei hanes.

Roedd yn oes aur ar bêl-droed yng Nghymru gyda nifer fawr o chwaraewyr dawnus a thalentog yn y garfan. Yn eu mysg roedd y mewnwr penfelyn Ivor Allchurch, chwaraewr a fyddai'n cael ei adnabod fel seren aur pêl-droed Cymru. Aeth yn ei flaen i sgorio 23 gôl mewn 68 ymddangosiad dros ei wlad yn ystod ei yrfa, yn ogystal â 694 ymddangosiad a 251 gôl yn y gynghrair bêl-droed i Abertawe, Newcastle United a Chaerdydd.

Roedd dylanwad Abertawe'n amlwg ar garfan Cymru yn y 1940au a'r 1950au gyda Jack Kelsey, Terry Medwin, John a Mel Charles, Cliff Jones a brawd Ivor, Len Allchurch, yn ymuno ag Ivor yn y garfan o 22 a deithiodd i Sweden i Bencampwriaeth Cwpan y Byd ym 1958.

Rhyfeddai trigolion Abertawe at y dalent ifanc a gâi ei meithrin ar faes y Vetch, ac ar adegau yn ystod y 1940au a'r 1950au gallai'r Swans ddewis tîm cyfan o fechgyn ifanc o'r ardal i chwarae yn Ail Adran cynghrair Lloegr. Yn anffodus, ni lwyddodd y clwb i ddal eu gafael ar yr holl dalent honno.

Gadawodd John Charles i ymuno â Leeds heb iddo chwarae yr un gêm dros Abertawe. Treuliodd Trevor Ford ddau dymor ar y Vetch, ond cyn gynted ag y cafodd gap dros ei wlad gadawodd i ymuno ag Aston Villa. Gadawodd Jack Kelsey y dref er mwyn arwyddo i Arsenal heb ymuno â bechgyn ifanc Abertawe. Roedd perthynas Cliff Jones gyda'r clwb ychydig yn fwy hirhoedlog wrth iddo dreulio pum mlynedd gyda'r Swans cyn arwyddo i Tottenham Hotspur. Ond o'r pum chwaraewr athrylithgar a ddaeth o stabl Abertawe, Ivor Allchurch sy'n cael ei ystyried fel gwir fab y dref gan iddo dreulio bron i 11 mlynedd ar y Vetch.

Ganed Ivor ym 1929 yn fab i Charlie a May Allchurch, a oedd wedi symud i Abertawe o ardal Birmingham i chwilio am waith. Cafodd ei fagu ynghyd â phedwar brawd, un llysfrawd, dwy chwaer ac un nith mewn tŷ tair ystafell wely yn ardal Plasmarl. Yn anffodus i Ivor, oherwydd yr Ail Ryfel Byd, ni fu'n aelod o un o dimau llwyddiannus Ysgolion Abertawe a gipiodd Darian Ysgolion Lloegr ar bedwar achlysur cyn ac ar ôl y rhyfel. O'r herwydd, ni chafodd y cyfle i gynrychioli ei wlad ar lefel ysgolion, ond roedd ei allu â phêl yn amlwg i bawb. Gadawodd yr ysgol yn 14 mlwydd oed a chael swydd ddelfrydol ym marchnad bysgod Abertawe -– roedd y gwaith yn caniatáu iddo chwarae pêl-droed â chlwb ieuenctid lleol trwy'r prynhawn gan fod y farchnad yn cau ar ôl cinio.

Yn 15 mlwydd oed, cafodd Ivor le ar staff y maes yn Abertawe ac arwyddodd gytundeb proffesiynol â'r Swans ym 1947 er iddo gael cynigion i ymuno â rhai o glybiau mwyaf Lloegr.

Wedi iddo gael ei ben-blwydd yn 18 oed bu'n rhaid i Ivor adael Abertawe er mwyn gwneud ei wasanaeth milwrol. Treuliodd ei gyfnod yn y fyddin yng Nghroesoswallt ac oherwydd ei ddawn fel pêl-droediwr cafodd swydd fel Swyddog Ffitrwydd a bu'n cynrychioli'r fyddin yn ogystal â'r Amwythig a Wellington Town.

Cafodd rheolwr Abertawe, Bill McCandless, a oedd yn dal i fod yn 'berchen' ar Allchurch, lu o gynigion gan glybiau a oedd wedi ei weld yn chwarae, ond gwrthododd y Swans werthu eu seren, er nad oedd Ivor wedi gwneud ei ymddangosiad cyntaf i'r tîm eto!

Wedi i Ivor ddychwelyd o'r fyddin cafodd ei gyfle cyntaf gyda chlwb Abertawe ar ddydd Nadolig 1949, ac er i'r mewnwr ifanc berfformio'n ganmoladwy, colli fu hanes y Swans yn erbyn West Ham ar Barc Upton. Cadwodd Ivor ei le yn y tîm am weddill y tymor ac er i Wolverhampton Wanderers, cewri'r byd pêl-droed yn y 1950au, gynnig £36,000 amdano, penderfynodd Ivor aros yn ei filltir sgwâr.

O fewn blwyddyn roedd wedi gwneud ei ymddangosiad cyntaf dros Gymru mewn gêm ym Mhencampwriaeth y Pedair Gwlad yn erbyn Lloegr ym Mharc Roker, Sunderland. Er i Gymru golli o bedair gôl i ddwy, llwyddodd Ivor i gadw ei le yn y tîm am chwe blynedd gan chwarae mewn 27 gêm o'r bron gan gynnwys dwy gêm gyda'i frawd Len. Daeth eu hymddangosiad cyntaf gyda'i gilydd yn erbyn Gogledd Iwerddon ym 1955 ac yn ddiweddarach y flwyddyn honno crëwyd tipyn o hanes pan ymunodd y brodyr Charles gyda'r brodyr Allchurch ar y maes wrth i Gymru herio Awstria ar y Cae Ras – y tro cyntaf i ddau bâr o frodyr chwarae yn yr un tîm dros Gymru.

Ym 1958, â Chymru'n herio Israel mewn gêm ailgyfle am le ym Mhencampwriaeth Cwpan y Byd yn Sweden, llwyddodd Ivor i ddychwelyd i'r tîm rhyngwladol. Sgoriodd gyda tharan o ergyd yn Tel Aviv ac ychwanegodd gôl arall yn yr ail gymal ar Barc Ninian wrth i'r Cymry sicrhau eu lle yn Sweden.

Wedi cyrraedd y llwyfan mawr, llwyddodd Ivor i wneud ei farc â dwy gôl wych. Rhwydodd ei gôl gyntaf yn erbyn Mecsico mewn gêm gyfartal un gôl yr un ond roedd ei ail gôl yn un arbennig. Yn y gêm ailchwarae yn erbyn Hwngari, tîm oedd wedi colli yn y rownd derfynol bedair blynedd yn gynharach, daeth Ivor â'r sgôr yn gyfartal wrth iddo gasglu'r bêl ar ochr y cwrt cosbi cyn taro taran o ergyd â'i droed chwith heibio i Gyula Grosics, gôl-geidwad Hwngari.

Er i Gymru golli yn rownd yr wyth olaf yn erbyn Brasil, credai nifer o'r gwybodusion mai Ivor oedd blaenwr gorau'r gystadleuaeth, ac yn eu mysg yr oedd llywydd Real Madrid, Santiago Bernabeu, a rheolwr Cymru, Jimmy Murphy.

Wedi Cwpan y Byd cafodd Ivor gyfle i wireddu ei freuddwyd o

chwarae ym mhrif adran Lloegr wrth iddo ymuno â Newcastle United, a chafodd Abertawe £28,000 yn ogystal â'r mewnwr, Ray Davies, yn rhan o'r fargen.

Wedi i Jimmy Scoular adael Newcastle ym 1960 cafodd Ivor ei benodi'n gapten y clwb, ond nid oedd pethau'n fêl i gyd yng ngogledd-ddwyrain Lloegr gan fod Newcastle yn dîm a oedd yn heneiddio. Ym 1961 disgynnodd y clwb i'r Ail Adran a chan fod ei wraig, Esme, yn sâl penderfynodd Ivor symud yn ôl i dde Cymru i ymuno â Chaerdydd.

Chwaraeodd 103 o gêmau i'r Adar Gleision mewn cyfnod o dair blynedd gan ennill Cwpan Cymru gyda'r tîm ym 1964 wrth i Gaerdydd drechu Bangor. Pan oedd ar Barc Ninian fe'i enwebwyd yn Bersonoliaeth Chwaraeon y Flwyddyn gan BBC Cymru ym 1962.

Cafodd gyfle i chwarae yng Nghwpan Enillwyr Cwpanau Ewrop y tymor canlynol ac roedd yn rhan o'r tîm a drechodd Esbjerg o Ddenmarc yn y rownd gyntaf, ond methodd y gêmau yn erbyn Sporting Lisbon a Real Zaragoza oherwydd anaf.

Ym 1965 dychwelodd i'r Vetch am £8,000, ac er iddo gipio Cwpan Cymru gyda'r Swans ym 1966 ni ddaeth llwyddiant i'r tîm yn y gynghrair a disgynnodd y clwb i'r Bedwaredd Adran ym 1967. Daeth Ivor â'i yrfa broffesiynol i ben ym 1968. Nid oedd yn achlysur i'w gofio wrth i Hartlepools drechu'r Swans ar brynhawn pan ffarweliodd un o gewri pêl-droed Cymru â'r Vetch.

Â phêl-droed yn rhan allweddol o'i fywyd, methodd Ivor ag ymddeol yn llwyr o'r gêm, a chwaraeodd yn lled broffesiynol â Chaerwrangon cyn cymryd swydd chwaraewr-reolwr gyda Hwlffordd yng Nghynghrair Cymru. Yna, wedi cyfnod byr â chlwb Pontardawe, mynnodd ei wraig ei fod yn llosgi ei esgidiau pêl-droed ym 1980. Ymddeolodd o'r gamp unwaith ac am byth pan oedd yn 51 mlwydd oed.

© Empics

Jonathan Davies

Ym mis Ionawr 1989, synnwyd y byd rygbi pan symudodd Jonathan Davies o Glwb Rygbi Llanelli i Glwb Rygbi XIII Widnes. Wrth symud i'r 'gogledd', roedd Jonathan yn dilyn ôl troed chwaraewyr fel David Watkins a Terry Holmes, ond yn wahanol i'r nifer helaeth o Gymry oedd wedi rhodio'r llwybr o'i flaen, roedd Jonathan yn ei anterth fel chwaraewr rygbi'r undeb. Ac yntau'n 26 mlwydd oed ac yn gapten ar ei wlad, roedd penderfyniad Jonathan i godi ei bac a symud i Widnes yn un ysgytwol.

Pedwar tymor yn unig yr oedd wedi eu chwarae dros Gymru, gan gynnwys dwy daith dramor a Chwpan y Byd 1987, ac er nad oedd erioed wedi cynrychioli'r Llewod, Jonathan oedd chwaraewr rygbi enwocaf hemisffer y gogledd.

Cafodd ei fagu ym mhentref Trimsaran a threuliai bob prynhawn Sadwrn yn casglu peli i dîm y pentref, tîm yr oedd ei dad yn gapten arno. Cafodd ei flas cyntaf ar wisgo crys rhif 10 ar y cae rygbi yn ysgol gynradd y pentref wrth i'r athro, Meirion Davies, sylwi ar ei ddawn anhygoel â phêl.

Gwnaeth ei ymddangosiad cyntaf ym Mharc yr Arfau ym 1974 mewn gêm rhwng timau dan-12 Gorllewin Cymru a Dwyrain Cymru cyn y gêm rhwng Cymru a Tonga.

Wedi iddo basio ei arholiad *Eleven Plus*, mynychodd Jonathan Ysgol Ramadeg Gwendraeth gan chwarae rygbi i dîm yr ysgol a thîm iau Trimsaran.

Mae'n anhygoel meddwl na chafodd Jonathan gap i dîm Ysgolion Cymru, ond efallai bod ffrae gydag Undeb Rygbi Ysgolion Cymru wedi bod yn niweidiol i'w obeithion. Ac yntau wedi cael ei ddewis i fynd ar gwrs preswyl Undeb Rygbi Ysgolion Cymru yn Aberystwyth ym 1980, penderfynodd Jonathan chwarae i dîm Iau Trimsaran yn rownd derfynol cwpan leol yn hytrach na chynrychioli tîm Ysgolion Gorllewin Dyfed. Mae Jonathan yn mynnu mai camddealltwriaeth oedd hyn, ond wedi i'r ysgol gwyno wrth Undeb Rygbi Ysgolion Cymru cafodd y bachgen ei wahardd o'r cwrs preswyl.

Gadawodd yr ysgol yn fuan wedyn, gan ddilyn prentisiaeth fel peintiwr, ac wedi iddo fethu â dal llygad hyfforddwyr Llanelli mewn treial dechreuodd chwarae rygbi gyda XV cyntaf Trimsaran. Awgrymodd Phil Bennett ei enw i glwb Castell-nedd a chafodd Jonathan ei ddewis i chwarae i'r Crysau Duon Cymreig, gan ddathlu ei ymddangosiad cyntaf gyda chais a gôl adlam yn erbyn Pontypridd ym 1982.

Yn anffodus i Jonathan, wedi iddo ddioddef anaf i'w ben-glin mewn pencampwriaeth saith-pob-ochr, bu'n rhaid iddo golli tymor a hanner o rygbi ac roedd yn amau fod ei yrfa ar ben cyn iddi ddechrau. Doedd dim rhaid iddo boeni. Yn ei gêm gyntaf yn ôl ar y Gnoll wedi'r anaf, llwyddodd i helpu Castell-nedd i drechu Casnewydd yn rownd yr wyth olaf Cwpan Cymru, ac roedd yn aelod allweddol o'r tîm a drechodd eu gelynion pennaf, Aberafan, yn y rownd gynderfynol.

Er i'r Crysau Duon golli yn erbyn Caerdydd yn y rownd derfynol ar Barc yr Arfau, roedd Jonathan yn denu sylw. Wedi iddo chwarae dim ond llond dwrn o gêmau i Gastell-nedd roedd pobl eisoes yn sôn amdano fel maswr nesaf Cymru.

Mae'r maswr yn chwaraewr hudolus a lledrithiol yng Nghymru, gyda'r ffatri faswyr chwedlonol yn cynhyrchu rhai o fawrion y byd rygbi fel Cliff Morgan, Phil Bennett a Barry John. Roedd oes aur y 1970au wedi codi disgwyliadau cefnogwyr rygbi Cymru ac o'r herwydd roedd canlyniadau siomedig dechrau'r 1980au yn ergyd drom i Undeb Rygbi Cymru ac i ddilynwyr y bêl hirgron. Roedd angen arwr newydd yng nghrys rhif 10 Cymru ac wedi i faswr Caerdydd, Gareth Davies, ymddeol o rygbi rhyngwladol ym 1985, trodd y dewiswyr at y bachgen o Drimsaran.

Daeth ei gêm gyntaf yn erbyn Lloegr ar Barc yr Arfau, ac roedd chwarae Jonathan yn ysbrydoledig wrth iddo sgorio dau gais a sicrhau buddugoliaeth yn erbyn yr hen elyn.

Er bod partneriaeth Jonathan â'i fewnwr, Robert Jones, yn un o bartneriaethau haneri gorau'r byd rygbi, dioddefodd y ddau o orfod chwarae y tu ôl i bac a oedd yn methu â chreu platfform cryf a sicrhau pêl sydyn. Dwy gêm yn unig y llwyddodd Cymru i'w hennill ym Mhencampwriaeth y Pum Gwlad ym 1986, ac ym 1987 dim ond un fuddugoliaeth a gafwyd.

Er hyn roedd dawn Jonathan yn amlwg ac roedd y parch tuag ato yn y byd rygbi yn uchel iawn, gyda sgowtiaid o glybiau Rygbi XIII yn ei wylio'n aml. Ym 1986 gwrthododd Jonathan gynnig o £100,000 gan glwb Rygbi XIII Leeds.

Oherwydd yr holl sylw a gâi Jonathan roedd Castell-nedd eisiau sicrwydd y byddai'n dychwelyd o Gwpan Rygbi'r Byd ym 1987 i chwarae ar y Gnoll, ond gwrthododd Jonathan â chadarnhau hynny. Wedi i Gymru orffen yn drydydd yng Nghwpan y Byd symudodd Jonathan, oedd wedi ei ddewis yn faswr gorau'r bencampwriaeth gan bapur newydd *The Times*, i Barc y Strade a chlwb Llanelli.

Wedi i Gymru gipio'r Goron Driphlyg ym 1988 cafwyd taith i'w hanghofio i Seland Newydd wrth i'r tîm, a oedd wedi gorffen tymor y Pum Gwlad yn llawn hyder, gael ei chwalu gan y Crysau Duon. Roedd Jonathan wedi sylwi ar agwedd broffesiynol y chwaraewyr yn Seland Newydd at y gêm, ac wedi dychwelyd roedd yn awyddus i siarad yng nghyfarfod blynyddol Undeb Rygbi Cymru. Dymunai drafod casgliadau'r chwaraewyr am y daith a chyflwyno syniadau ar gyfer dyfodol rygbi yng Nghymru, ond ni chafodd y cyfle.

Wedi buddugoliaeth ffodus yn erbyn Manu Samoa yn yr hydref daeth eiliad waethaf Jonathan mewn crys Cymru wrth i Romania ennill o 15 pwynt i naw ar Barc yr Arfau. Roedd wedi syrffedu'n llwyr, ac o fewn tri mis roedd ar ei ffordd i Widnes.

Ni chredai llawer y byddai'n llwyddo yn y gêm XIII ond roedd Jonathan yn benderfynol o brofi ei allu, ac o fewn 10 mis o ymuno â Widnes roedd yn aelod allweddol o'r tîm a gipiodd Bencampwriaeth Clybiau'r Byd. Sgoriodd Jonathan gais a throsodd deirgwaith wrth iddynt drechu Mal Meninga a'r Canberra Raiders yn Old Trafford, Manceinion.

Jonathan oedd y chwaraewr cyflymaf erioed i gyrraedd 1,000 o bwyntiau mewn Rygbi XIII a chafodd ei enwi'n chwaraewr y flwyddyn gan ei gydchwaraewyr ym 1991 a 1994. Ym 1993 bu'n rhaid i Widnes werthu nifer o'u chwaraewyr oherwydd trafferthion ariannol, felly wedi iddo helpu'r clwb i ennill pob gwobr ond y Gwpan Her teithiodd Jonathan y siwrnai fer i lawr yr A57 i ymuno â Warrington.

Gyda rhagor o Gymry'n dilyn esiampl Jonathan ac yn symud i'r 'gogledd' cafodd tîm cenedlaethol XIII Cymru gyfnod hynod o lwyddiannus yn ystod y 1990au. Ym 1991 cafodd y tîm cenedlaethol eu buddugoliaeth fwyaf erioed wrth iddynt drechu Papua Guinea Newydd o 68 pwynt i ddim yn Abertawe, gyda Jonathan yn cipio 24 pwynt. Yna, ym mis Rhagfyr 1992, llwyddodd tîm XIII Cymru i ennill yn Ffrainc am y tro cyntaf erioed wrth iddynt drechu'r Ffrancwyr yn Perpignan.

Ym 1995, a thîm yr Undeb yn gorffen ar waelod tabl y Pum Gwlad, llwyddodd Cymru i drechu Lloegr am y tro cyntaf ers 1977 a chipio Pencampwriaeth Ewrop. Daeth awr fawr Jonathan wrth iddo arwain Cymru i rownd gynderfynol Cwpan y Byd yn erbyn Lloegr.

Teithiodd Jonathan â Llewod Prydain, rhywbeth na chafodd gyfle i'w wneud gyda Rygbi'r Undeb, gan chwarae 11 gwaith i'r Llewod rhwng 1990 a 1994. Treuliodd hefyd ddau dymor yr haf yn Awstralia yn chwarae i Canterbury a'r North Queensland Cowboys.

Ym 1995 torrodd y newyddion trist fod gwraig Jonathan, Karen, yn dioddef o gancr, ac wedi newid yn rheolau Rygbi'r Undeb ganiatáu i chwaraewyr fod yn broffesiynol ymunodd Jonathan â chlwb Caerdydd. Wedi iddo ddychwelyd i'r brifddinas roedd yn allweddol wrth i Gaerdydd gyrraedd rownd gynderfynol Cwpan Heineken cyn colli yn erbyn Brive.

Llwyddodd i ennill pum cap wedi dychwelyd o Rygbi XIII ond roedd hynny'n dweud mwy am gyflwr rygbi yng Nghymru nag am safon chwarae Jonathan ac yntau yn 33 mlwydd oed. Ym 1997, wedi marwolaeth ei wraig, penderfynodd ymddeol o'r gamp er mwyn edrych ar ôl ei deulu ifanc.

Ers iddo ymddeol o'r maes chwarae mae Jonathan wedi creu ail yrfa iddo'i hun fel darlledwr ac mae bellach yn wyneb ac yn llais cyfarwydd sy'n sylwebu ar Rygbi'r Undeb a Rygbi XIII yn Saesneg ac yn Gymraeg.

© Empics

Tony Lewis

Yn ogystal â bod y Cymro cyntaf i fod yn gapten ar dîm criced Lloegr, ymunodd Tony Lewis â chriw dethol o chwaraewyr sydd wedi arwain Lloegr ar eu hymddangosiad cyntaf mewn gêm Brawf wrth iddo gamu i'r maes i wynebu India yn Delhi ym 1972. Yn anffodus i Tony Lewis, nid oedd bowlwyr India yn wrthwynebwyr hawdd a chollodd y Cymro ei wiced heb iddo sgorio yr un rhediad!

Ganed Anthony Robert Lewis yn Abertawe ar 6 Gorffennaf 1938 a chafodd ei fagu yng Nghastell-nedd, o fewn tafliad carreg i'r Gnoll, maes rygbi'r Crysau Duon Cymreig. Roedd wrth ei fodd yn gwylio rygbi yn ystod y gaeaf a byddai'n edrych ymlaen yn eiddgar at ymweliadau Clwb Criced Morgannwg â'r dref yn ystod yr haf.

Magwyd Tony Lewis gan ei fam gan fod ei dad i ffwrdd yn ymladd yn y rhyfel, a'r tro cyntaf iddo gyfarfod â'i dad oedd pan gafodd ei gyflwyno – ac yntau'n wyth oed – i 'Major Lewis' ar blatfform gorsaf drenau Castell-nedd.

Dysgodd Tony ei grefft â bat a phêl ar strydoedd Castell-nedd lle y byddai ef a'i ffrindiau'n chwarae o fore gwyn tan nos. Yno hefyd y dysgodd sut i droelli pêl wrth drochi pêl denis mewn pwll o ddŵr.

Wedi iddo sicrhau lle yn Ysgol Ramadeg Castell-nedd llwyddodd i brofi ei ddawn â phêl rygbi yn ogystal â bat criced a bu'n cynrychioli'r ysgol a'r sir yn y ddwy gamp. Cyn bo hir cafodd ei ddewis i chwarae criced dros dîm Ysgolion Cymru a chafodd wahoddiad i ymarfer yn y rhwydi gyda Chlwb Criced Morgannwg.

Roedd gan Tony ddawn gerddorol yn ogystal â dawn ar y llain griced ac roedd yn feiolinydd dawnus. Yn wir, roedd ar fin gadael ar daith haf Cerddorfa Ieuenctid Cymru ym 1955 pan gafodd alwad i wneud ei ymddangosiad cyntaf i Forgannwg yn erbyn Swydd Caerlŷr ym Mhencampwriaeth y Siroedd.

Ni chafodd ddechrau delfrydol i'w yrfa wrth iddo golli ei wiced heb sgorio yr un rhediad ond roedd y dewiswyr a chapten Morgannwg, Wilf Wooller, yn gweld fod gan y bachgen ifanc hwn botensial anhygoel a chymerodd Wooller ef o dan ei adain.

Aeth Lewis i Goleg Crist, Caergrawnt, i astudio hanes a thra oedd yn y coleg llwyddodd i ennill dau *blue* wrth iddo gynrychioli'r coleg mewn rygbi a chriced. Yn ystod ei gyfnod fel myfyriwr cynrychiolodd glybiau rygbi Castell-nedd, Pontypŵl a Chaerloyw yn ystod y gaeaf gan chwarae ambell i gêm griced dros Forgannwg yn ystod yr haf, ond wedi anaf i'w ben-glin penderfynodd ganolbwyntio ar ei yrfa griced. Weddill ei ddyddiau coleg byddai Tony'n chwarae dros Brifysgol Caergrawnt yn ystod y tymor academaidd a thros Forgannwg yn ystod ei wyliau haf. Yn ei flwyddyn olaf yn y coleg cafodd ei benodi'n gapten tîm Prifysgol Caergrawnt a sgoriodd 103 heb fod allan yn erbyn Prifysgol Rhydychen yn y gêm Varsity.

Wedi iddo adael Caergrawnt ymunodd Tony â Morgannwg ar gytundeb parhaol gan ei sefydlu ei hun fel un o brif fatwyr y sir â phartneriaeth o 238 rhediad gydag Alan Jones am yr ail wiced yn erbyn Sussex yn Hastings ym 1962 – record sy'n sefyll hyd heddiw.

Daeth ei dymor gorau ym 1966 wrth iddo ennill ei le fel yr ail fatiwr o Forgannwg i sgorio dros 2,000 o rediadau mewn tymor, cyfanswm oedd yn cynnwys pum sgôr dros gant ac un batiad a'i gwelodd yn sgorio 223 o rediadau yn erbyn Caint.

Ym 1967, wedi ymddeoliad Wilf Wooller, cafodd Tony ei benodi'n gapten ar y sir Gymreig, ac o dan ei arweinyddiaeth feistrolgar llwyddodd Morgannwg i sicrhau'r trydydd safle yn y Bencampwriaeth ym 1968 cyn cipio'r Bencampwriaeth am y tro cyntaf ers dros 20 mlynedd ym 1969.

Wedi llwyddiant Morgannwg yn y Bencampwriaeth gwobrwywyd Lewis â chapteiniaeth tîm yr MCC ar eu taith i Ceylon a'r Dwyrain Pell yn ystod gaeaf 1969/70 ac wedi i gapten Lloegr, Ray Illingworth, gyhoeddi na fyddai'n teithio i India a Phacistan gyda thîm Lloegr ym 1972 cafodd Lewis ei alw i'r XI a'i benodi'n gapten.

Roedd ei gêm Brawf gyntaf yr un mor siomedig â'i gêm gyntaf dros ei sir wrth iddo golli ei wiced heb sgorio, ond yn yr ail fatiad yn Feroz Shah Kotla sgoriodd 70 heb fod allan wrth i Loegr ennill y gêm o chwe wiced.

Yn y pedwerydd Prawf yn Kanpur llwyddodd Tony Lewis i chwalu bowlwyr yr India wrth iddo sgorio 125 heb fod allan – ei unig sgôr dros gant mewn gêm Brawf – a sicrhau gêm gyfartal i'r ymwelwyr.

Yn sgil perfformiadau Tony, yn ogystal â'i arweinyddiaeth yn India a Phacistan, awgrymodd nifer o ohebwyr criced Lloegr mai ef fyddai'r olynydd naturiol i Illingworth unwaith y byddai'r gŵr o Swydd Efrog yn ymddeol o griced rhyngwladol.

Cadwodd Tony ei lc yn nhîm Lloegr wrth iddynt groesawu Seland Newydd i Trent Bridge, ond pan ddychwelodd Illingworth i'r tîm collodd Tony ei afael ar y gapteiniaeth. Credai nifer mai'r Cymro fyddai'n arwain Lloegr ar y daith i'r Caribî yn ystod y gaeaf, ond yn anffodus dioddefodd anaf i'w ben-glin a bu'n rhaid iddo gilio o'r tîm ar gyfer yr ail Brawf a dychwelyd i Forgannwg.

Roedd Morgannwg wrthi'n ceisio adeiladu tîm newydd, ac wedi iddo fethu â sicrhau cytundeb parhaol penderfynodd Tony ymddeol o'r gamp yn ystod haf 1974.

Wedi iddo ymddeol daeth yn llais ac yn wyneb adnabyddus ar radio a theledu'r BBC wrth iddo sylwebu ar gêmau rhyngwladol Lloegr. Roedd hefyd yn ohebydd criced i bapur newydd y *Daily Telegraph*.

Mae Tony wedi parhau ei gysylltiad â Morgannwg wrth wasanaethu fel cadeirydd a llywydd y clwb. Cafodd ei enwebu hefyd yn llywydd yr MCC, lle yr oedd o blaid y syniad o ganiatáu i ferched fod yn aelodau. Yn ei eiriau ef: 'Mae merched yn llawer rhy dda wrth chwarae'r gamp i'w hanwybyddu,' ond efallai bod ei farn wedi ei lliwio ychydig gan y ffaith bod un o'i ddwy ferch yn gricedwraig!

Wedi cyfnod wrth y llyw ar Fwrdd Croeso Cymru – cyfnod a welodd Gwpan Rygbi'r Byd yn cael ei chynnal yng Nghymru – cafodd Tony ei wahodd i arwain cais Cwrs Golff y Celtic Manor yng Nghasnewydd i gynnal Cwpan Ryder 2010. Llwyddodd i wneud hynny gyda chefnogaeth ei wraig, Joan, oedd yn gapten tîm merched Clwb Golff Porthcawl. Roedd y gamp o ddenu Cwpan Ryder i Gymru yn amhrisiadwy ac mae'n golygu bod hanes Tony Lewis o sicrhau llwyddiant yn y byd chwaraeon yng Nghymru yn parhau hyd heddiw.

Yn 2004 cafodd Tony ei ddewis ymysg yr XI cyntaf i gael eu hanrhydeddu gan Glwb Criced Morgannwg wrth iddynt sefydlu Oriel Anfarwolion y Sir.

© Empics

Gareth Edwards

Mae ceisio dewis y XV gorau a gynrychiolodd Gymru erioed yn gamp ynddi'i hun mewn clybiau rygbi a thafarndai ledled Cymru. Mae sawl dadl yn sicr o godi wrth i bobl orfod dewis rhwng Barry John, Jonathan Davies, Cliff Morgan a Phil Bennett yn safle'r maswr ac yna ddewis rhwng Gerald Davies ac Ieuan Evans ar yr asgell dde. Mae'n debyg bod anghytuno chwyrn ynghylch safle'r cefnwr, yr wythwr, y canolwr a'r prop – ond mae un enw sy'n debygol o fod yn fewnwr yn nhîm pawb, a Gareth Edwards yw hwnnw. Yn rhyfedd ddigon, cael a chael oedd hi – bu bron i Gymru beidio â chael y gŵr talentog hwn mewn crys rygbi o gwbl!

Magwyd Gareth ym mhentref Gwauncaegurwen, ac er na wyddai hynny ar y pryd roedd methu ei arholiadau ar gyfer yr Ysgol Ramadeg yn fendith, oherwydd bu'n rhaid iddo gofrestru yn Ysgol Dechnegol Pontardawe. Yn y fan honno daeth o dan adain yr athro ymarfer corff, Bill Samuel. Wrth gwrs, byddai'n hurt datgan na fyddai Gareth Edwards wedi cyrraedd y brig heb gymorth ei athro, ond mae llawer iawn o ddiolch yn ddyledus i'r diweddar Bill Samuel.

Ym 1963/4 chwaraeodd Gareth fel cefnwr i Ysgolion Morgannwg yn erbyn Ysgolion Munster ac fel canolwr i Ysgolion Cymru yn erbyn eu cyfoedion o Ffrainc. Nid rygbi oedd yr unig gêm yr oedd Gareth yn disgleirio ynddi. Roedd eisoes wedi cael ei enwebu'n athletwr mwyaf addawol 1964 gan y Pwyllgor Gêmau Cymreig wedi iddo serennu yn y naid hir, y naid â pholyn, taflu'r ddisgen a'r ras dros y clwydi, a chafodd hefyd ei ddewis i fod yng ngharfan tîm pêl-droed Ysgolion Cymru.

Pan oedd yn 16 mlwydd oed cafodd Gareth gynnig cytundeb prentis gan glwb pêl-droed Abertawe, a chan nad oedd yn sicr beth y dylai ei wneud gofynnodd i'w athro am gyngor. Ysgrifennodd Samuel lythyr at Glwb Rygbi Caerdydd yn awgrymu y dylai'r 'Blue and Blacks' daro golwg ar y bachgen ifanc. Ysgrifennodd hefyd at brifathro Ysgol Fonedd Millfield yng Ngwlad yr Haf, gan erfyn arno i gynnig lle i'r mewnwr athrylithgar. Roedd gan Millfield enw da iawn am feithrin athletwyr ifanc, ond atebodd prifathro'r ysgol, R. J. O. Meyer, fod yr ysgol eisoes yn llawn o chwaraewyr talentog o bedwar ban byd.

Gallai hynny fod wedi dod â gyrfa rygbi Gareth i ben cyn iddi gychwyn, ond gwrthododd Samuel â rhoi'r ffidil yn y to. Wedi cryn lythyru, ildiodd Meyer gan gynnig lle i Gareth yn yr ysgol, a thrwy hynny sicrhawyd lle y Cymro yn llyfrau hanes y byd rygbi. Tra oedd ym Millfield llwyddodd Gareth i gipio pencampwriaeth 200m Ysgolion Lloegr ac roedd yr un cyflymder yn amlwg yn ddiweddarach wrth iddo gychwyn ar ei yrfa rygbi â chlwb prifddinas Cymru tra oedd yn fyfyriwr yng Ngholeg Cyncoed.

Gwnaeth ei ymddangosiad cyntaf ar Barc yr Arfau ym 1966 wrth i Gaerdydd drechu Coventry o 24 pwynt i chwech, a chyn hir symudodd Barry John o Lanelli i ffurfio'r bartneriaeth enwog â Gareth ar Barc yr Arfau.

Cafodd Gareth ddechrau digon di-fflach i'w yrfa ryngwladol wrth i Gymru golli yn erbyn Ffrainc yn Stade Colombes ar ei ymddangosiad cyntaf yng nghrys coch Cymru. Er i Gymru drechu Lloegr yn ei ail gêm, nid oedd dim i awgrymu y byddai Gareth yn cadw'r crys rhif naw am flynyddoedd i ddod.

Ym 1968 sgoriodd ei gais cyntaf dros ei wlad mewn gêm gyfartal yn erbyn Lloegr – yr ail gais yn unig i fewnwr ei sgorio dros Gymru ers yr Ail Ryfel Byd. Er iddo gael ei benodi'n gapten ar ei wlad – y chwaraewr ieuengaf erioed i gael y fraint – methodd ag ysgogi ei dîm wrth iddynt sicrhau un fuddugoliaeth yn unig yn ystod Pencampwriaeth y Pum Gwlad.

Er hyn, dewiswyd Gareth i deithio i Dde Affrica gyda'r Llewod yn ystod haf 1968 ac mewn wyth ymddangosiad, gan gynnwys y ddwy gêm Brawf gyntaf, llwyddodd i groesi am chwe chais cyn dioddef anaf i llinyn ei ar.

Gyda chwaraewyr ifanc fel J. P. R. Williams a Mervyn Davies yn ymuno â Barry John, Gerald Davies a Gareth yn nhîm Cymru, cipiwyd y Goron Driphlyg ym 1969. Ym 1971, llwyddodd Gareth i gydweithio â J. P. R. i sgorio cais gwych o 80m i gipio'r Gamp Lawn yn Ffrainc.

A hwythau'n dal i ddathlu'r Gamp Lawn, ymunodd Gareth â dwsin o'i gyd-Gymry yn nhîm y Llewod wrth iddynt hedfan i Seland Newydd dan oruchwyliaeth Carwyn James. Llwyddodd y Llewod i faeddu deg o dimau rhanbarthol Seland Newydd wrth iddynt baratoi ar gyfer y Prawf cyntaf yn Dunedin, ond ac yntau ar drothwy un o'r gêmau mwyaf yn ei yrfa roedd Gareth mewn dagrau wedi iddo droi ei droed yn y sesiwn ymarfer olaf cyn y Prawf. O gofio'r anaf a ddioddefodd yn Ne Affrica, roedd Gareth yn poeni'n arw y byddai'n colli un o gêmau mwyaf ei yrfa. Llwyddodd i gymryd ei le ar y maes, ond wedi dim ond chwarter awr daeth yr eilydd, Chico Hopkins, i'r maes yn ei le. Bu'n rhaid i Gareth wylio o'r ymylon wrth i'r Llewod ennill y Prawf cyntaf.

Er iddo wella mewn pryd ar gyfer yr ail Brawf, colli fu hanes y Llewod, ond daeth awr fawr Gareth yn ystod y trydydd Prawf yn Wellington. Gyda'r maswr yn rheoli'r chwarae wrth droed y pac bwydodd Gerald Davies i groesi am gais ac yna creodd le i Barry John groesi o dan y pyst.

Wedi gêm gyfartal o 14 pwynt yr un yn y pedwerydd Prawf, dychwelodd Gareth a gweddill y Llewod yn ôl i Brydain yn arwyr – yr unig dîm o Ynysoedd Prydain i ennill cyfres Brawf yng Ngwlad y Cwmwl Hir Gwyn, record sy'n parhau hyd heddiw.

Ym 1972 nid oedd modd i Gymru gipio Camp Lawn arall gan i

Undeb Rygbi Cymru wrthod teithio i Ddulyn oherwydd y sefyllfa wleidyddol ar yr ynys. Dyma'r flwyddyn pan sgoriodd Gareth un o'i geisiau mwyaf cofiadwy wrth i Gymru drechu'r Alban ar Barc yr Arfau.

Dechreuodd y symudiad wrth i Gareth gasglu'r bêl ar ei linell 22 ei hun a gwibio heibio i reng ôl yr Alban. Wedi iddo sylwi nad oedd unrhyw un wrth ei ysgwydd cododd y bêl yn uchel dros yr amddiffyn a chyda dau Albanwr yn ceisio cyrraedd y bêl llwyddodd i'w chicio tua'r gornel cyn gwibio ar ei hôl a thaflu ei hun ar ben y bêl. Mae'r llun ohono'n cerdded yn ôl tuag at ei dîm â'i wyneb yn fwd i gyd yn un o ddelweddau bythgofiadwy'r byd chwaraeon.

Flwyddyn yn ddiweddarach roedd yn gyfrifol am y cais sydd wedi'i ddangos ar deledu yn amlach nag unrhyw gais arall wrth iddo gynrychioli'r Barbariaid yn erbyn Seland Newydd ar Barc yr Arfau. Wrth i Phil Bennett ochrgamu heibio i dri o'r Crysau Duon yn ei 22 ei hun cyn bwydo J. P. R. Williams, Brian Williams a John Dawes i dorri i lawr yr asgell chwith, nid oedd Gareth i'w weld yn unman. Ond yna, wrth i Tom David fwydo Derek Quinnell yng nghanol y cae, ymddangosodd Gareth ar ei ysgwydd, casglu'r bàs a gwibio dros y llinell yn y gornel chwith.

Wedi iddo chwarae ym mhedair gêm Brawf y Llewod yn Ne Affrica ym 1974 a chipio'r Gamp Lawn â Chymru ym 1976 a 1978 yn ogystal â'r Goron Driphlyg ym 1977, daeth Gareth â'i yrfa i ben gyda gôl adlam o 30m yn erbyn Ffrainc.

Wedi iddo ymddeol, ni ddiflannodd Gareth yn llwyr o'r byd cystadlu. Cydiodd mewn gwialen bysgota a llwyddodd i gynrychioli Cymru ar sawl achlysur yn ogystal â sefydlu record Brydeinig pan ddaliodd benhwyad 45 pwys a 6 owns yn Llandegfedd yng Ngwent.

Erbyn hyn mae Gareth Edwards yn wyneb ac yn llais cyfarwydd i wylwyr a gwrandawyr rhaglenni rygbi BBC Cymru wrth iddo leisio'i farn ar y genhedlaeth ddiweddaraf i gydio yn y bêl hirgron a gwisgo'r crys coch enwog.

© Empics

Ieuan Evans

Ganed Ieuan Cennydd Evans yn Ysbyty Treforys, Abertawe ar 21 Mawrth 1964, ar yr un diwrnod ag y croesodd yr asgellwr Stuart Watkins am gais ar Barc yr Arfau i sicrhau gêm gyfartal o 11 pwynt yr un i Gymru yn erbyn Ffrainc. Tybed a fyddai unrhyw un wedi darogan bryd hynny bod y babi bach newydd hwn yn debyg o ddilyn ôl troed Watkins rhyw ddiwrnod?

Yn Ysgol Gynradd Idole yng Nghwmffrwd roedd Ieuan wrth ei fodd â chwaraeon, ond gan mai dim ond 24 disgybl oedd yn yr ysgol doedd dim digon o fechgyn i chwarae rygbi ac felly fel rhan o dîm pêl-droed y cafodd ei flas cyntaf ar gystadlu. Pan gafodd gyfle i chwarae rygbi â chlwb ym mhentref Llangunnor, mae'n rhaid ei fod wedi disgleirio gan iddo gael ei ddewis i fod yn eilydd i dîm dan-11 Gorllewin Cymru mewn gêm yn erbyn Dwyrain Cymru ar Barc yr Arfau.

Yn Ysgol Ramadeg y Frenhines Elizabeth, Caerfyrddin y dechreuodd wneud enw iddo'i hun fel athletwr, a chipiodd wobr *Victor Ludorum* yr ysgol yn ei flwyddyn gyntaf wrth ennill y 100m, y naid hir a'r gystadleuaeth taflu gwaywffon. Yr unig reswm na lwyddodd i ennill y 200m oedd ei fod yn dal wrthi'n cystadlu yn y naid hir pan ddechreuodd rownd derfynol y 200m!

Gan ei fod yn gymharol fach yn gorfforol, mae'n debyg na wnaeth Ieuan lawer o argraff ar y cae rygbi tan iddo gyrraedd y bumed flwyddyn. Bryd hynny arweiniodd XV yr ysgol trwy dymor cyfan heb golli yr un gêm a dechreuodd gymryd ei rygbi o ddifrif gan chwarae i'r ysgol, i dîm ieuenctid Caerfyrddin ac i dîm cyntaf Quins Caerfyrddin.

Roedd tad Ieuan, John Evans, yn dipyn o chwaraewr yn ei ddydd – bu'n chwarae i glybiau Aberafan a Bedford – a bu'n ddylanwad mawr ar Ieuan pan sylweddolodd fod gan ei fab ddawn i chwarae rygbi ar y lefel uchaf.

Er i Ieuan symud i Fanceinion er mwyn astudio daearyddiaeth ym Mhrifysgol Salford, cafodd gynnig treialu â Llanelli, ac wedi iddo ddisgleirio yno cafodd gynnig lle yn eu carfan ar gyfer y tymor. Cyn chwarae i'r Scarlets, fodd bynnag, roedd Ieuan hefyd wedi treialu â Chastell-nedd ac fe'i dewiswyd i chwarae dros y Crysau Duon Cymreig yn erbyn Pontypridd. Wedi i Ieuan sgorio dau gais yn y gêm, penderfynodd Llanelli ei ddewis i chwarae yn erbyn Caerloyw mewn gêm ganol wythnos, ac felly bu Ieuan yn ymarfer ac yn chwarae i ddau o glybiau mwyaf Cymru am yn ail â'i gilydd.

Y dydd Sadwrn canlynol, roedd Ieuan yn ôl yng nghrys du Castell-nedd wrth iddo wynebu Caerfaddon ar y Gnoll, ond yn fuan iawn wedyn bu'n rhaid iddo ddewis un clwb neu'r llall oherwydd eu bod yn herio'i gilydd y Sadwrn canlynol. Dewisodd Ieuan ymuno â chlwb Parc y Strade, ac er iddynt golli yn erbyn Castell-nedd, diolch yn bennaf i faswr ifanc y Crysau Duon, Jonathan Davies, cafodd Ieuan gyfle i sicrhau ei le yn y llyfrau hanes ychydig wythnosau'n ddiweddarach. Roedd yn aelod o'r tîm a drechodd Awstralia ar Barc y Strade ym 1984, ac er nad oedd cystal â threchu Seland Newydd ym 1972 roedd yn sicr yn achos dathlu i drigolion tref y sosban.

Dechreuodd Ieuan ddal sylw'r dewiswyr cenedlaethol a chafodd gyfle i ddangos ei ddoniau pan gafodd ei ddewis i chwarae i dîm 'B' Cymru yn erbyn Sbaen ym Mhen-y-bont. Bachodd ar y cyfle, gan sgorio chwe chais, a chyn hir cafodd wahoddiad i gynrychioli clwb y Barbariaid mewn gêm yn erbyn Casnewydd ar Rodney Parade.

Dioddefodd anaf yn ystod y gêm â Chasnewydd – anaf a fyddai'n ei boeni am weddill ei yrfa – pan ddatgysylltodd ei ysgwydd. Collodd ddau fis o'r tymor cyn llwyddo i ddychwelyd i dîm Llanelli ond dioddefodd yr un anaf unwaith eto wrth iddo chwarae i'r Barbariaid yng Nghaerlŷr.

Daeth yr anaf ar adeg anffodus iawn iddo o ran ei yrfa ryngwladol. Credai llawer y byddai Ieuan wedi ennill ei gap cyntaf yn erbyn Fiji rai wythnosau'n ddiweddarach, ond yn anffodus bu'n rhaid iddo fethu'r gêm yn erbyn Fiji yn ogystal â Phencampwriaeth y Pum Gwlad a thaith Cymru i Ynysoedd y Môr Tawel.

Ym 1987, wedi iddo dderbyn yr alwad i ymuno â charfan Cymru am y tro cyntaf, methodd unwaith eto â chasglu ei gap cyntaf wedi i'r gêm gael ei gohirio oherwydd bod eira ar y maes. Bu'n rhaid iddo ddisgwyl am bythefnos arall cyn gallu gwisgo'r crys coch o'r diwedd wrth i Gymru herio Ffrainc yn y Parc des Princes.

Parhaodd ei yrfa ryngwladol am 11 mlynedd. Enillodd 72 o gapiau – 28 ohonynt fel capten – ond cyrhaeddodd y brig fel chwaraewr athrylithgar mewn cyfnod siomedig dros ben i rygbi Cymru. Ym Mhencampwriaeth gyntaf Cwpan y Byd ym 1987 collodd Cymru o 49 pwynt i chwech yn erbyn Seland Newydd yn y rownd gynderfynol. Er iddynt lwyddo i drechu Awstralia i orffen yn y trydydd safle, roedd canlyniadau trychinebus i ddilyn yn ystod 11 mlynedd gyrfa ryngwladol Ieuan.

Roedd yn gyfnod llwm iawn i'r Cymry oedd wedi eu magu ar ddoniau sêr y 1970au, wrth i Gymru golli parch a cholli gêmau yn erbyn rhai o dimau llai y byd rygbi. Llwyddodd Manu Samoa, Canada a Romania i drechu Cymru yn ystod gyrfa Ieuan. O'i 72 ymddangosiad yn y crys rhif 14 i Gymru, dim ond 30 gwaith yr enillodd Cymru.

Mae'n siarad cyfrolau am allu Ieuan ar y maes ei fod wedi sgorio 33 cais dros ei wlad mewn cyfnod mor siomedig, yn ogystal â chael ei gydnabod fel un o asgellwyr gorau'r byd.

Llwyddodd i chwarae mewn tair Pencampwriaeth Cwpan y Byd. Ymunodd hefyd â chriw dethol iawn o chwaraewyr rygbi sydd wedi teithio gyda'r Llewod ar dri achlysur wrth iddo ymweld ag Awstralia ym 1989, Seland Newydd ym 1993 a De Affrica ym 1997.

91

Wedi i Gymru golli pob gêm ym Mhencampwriaeth y Pum Gwlad ym 1995, diswyddwyd yr hyfforddwr Alan Davies, ynghyd â'i dîm rheoli, Gareth Jenkins a Robert Norster. Penodwyd hyfforddwr Caerdydd, Alex Smith, yn hyfforddwr ar y tîm cenedlaethol ac un o'r pethau cyntaf i Smith ei wneud oedd penodi capten newydd ar Gymru. Cafodd Ieuan ei ddiswyddo a phenodwyd Mike Hall, capten tîm Smith yng Nghaerdydd, yn ei le.

Roedd Ieuan yn siomedig tu hwnt gan ei fod wedi brwydro'n ôl o anaf dychrynllyd i sicrhau ei le yn y tîm cenedlaethol ac roedd yn hynod falch o'i rôl fel capten y tîm. Daeth o fewn trwch blewyn i roi'r gorau i'w yrfa ryngwladol, ond yn y diwedd, gyda Chwpan y Byd yn Ne Affrica ar y gorwel mewn chwe wythnos, daeth Ieuan i'r casgliad fod cynrychioli Cymru'n bwysicach iddo nag unrhyw beth arall.

Wedi ennill pob tlws a choron a oedd ar gael yng Nghymru gyda Llanelli, croesodd Ieuan Glawdd Offa ym 1997 i ymuno â chlwb Caerfaddon. Roedd yn rhan o'r tîm a gipiodd Gwpan Heineken ym 1998, ac wedi iddo brofi'r wefr o ennill prif wobr rygbi Ewrop penderfynodd Ieuan ymddeol o'r byd rygbi.

Erbyn heddiw mae Ieuan yn llais cyfarwydd wrth iddo roi ei farn ar rygbi Cymru ar BBC Radio Cymru, ac ar achlysur dathlu 20 mlynedd o ddarlledu ar S4C cafodd Ieuan ei enwebu'n bersonoliaeth chwaraeon y sianel rhwng 1982 a 2002.

© Empics

Tanni Grey-Thompson

Ganed Tanni Grey ym 1969 yng Nghaerdydd, ond nid Tanni oedd yr enw y bwriadai ei rhieni ei roi ar eu merch fach. Carys Davina oedd Peter a Sulwen Grey am alw eu hail ferch, ond wedi iddi gyrraedd adref o'r ysbyty dywedodd ei chwaer, Sian, sydd 18 mis yn hŷn na hi, fod y babi bach newydd yn 'tiny', ac o'r fan honno y daeth yr enw Tanni.

Ganed Tanni â *spina bifida*, ac o'r herwydd dirywiodd ei gallu i ddefnyddio ei choesau o'r diwrnod y cafodd ei geni. Roedd y cyflwr hefyd yn golygu bod ei hasgwrn cefn yn crebachu. Erbyn ei bod yn 12 mlwydd oed roedd yn amlwg y byddai'n rhaid i Tanni ddefnyddio cadair olwyn am weddill ei hoes, ond nid oedd hynny am ei rhwystro rhag cystadlu.

Cafodd ei hysbrydoli wrth iddi wylio tîm pêl-fasged cadair olwyn Prydain ar y teledu a gweld y ras cadair olwyn ym marathon Llundain, ac roedd hi'n benderfynol ei bod hithau hefyd eisiau cystadlu.

Pan oedd Tanni yn 15 mlwydd oed llwyddodd i ennill Pencampwriaeth 100m Prydain yn Stoke Mandeville a chafodd ei dewis i deithio i Awstria fel rhan o dîm Prydain. O'r herwydd penderfynodd Tanni ymuno â Chlwb Athletau Pen-y-bont lle mynnodd ei bod yn cael ei thrin fel unrhyw athletwraig arall – a dyna beth yw Tanni, athletwraig sy'n digwydd defnyddio cadair olwyn, nid athletwraig anabl, ac mae'r agwedd honno'n holl bwysig iddi fel person yn ogystal ag fel athletwraig.

Er ei bod wedi ennill sawl medal aur mewn gêmau Paralympaidd ac ym Mhencampwriaethau'r Byd, buddugoliaeth fwyaf Tanni yw'r ffaith iddi newid meddylfryd y cyhoedd ynghylch athletau ar gyfer defnyddwyr cadair olwyn. Pan ddechreuodd ar ei gyrfa athletau, nid y cyhoedd yn unig oedd yn methu ag amgyffred athletwyr cadair olwyn. Ym 1990 cafwyd ambell i ras arddangos i athletwyr cadair olwyn yng Ngêmau'r Gymanwlad yn Auckland, ond yn wreiddiol nid oedd athletwyr Cymru wedi derbyn gwahoddiad i gystadlu.

Roedd Tanni ac athletwr arall o Gymru, Chris Hallam, yn benderfynol o gymryd rhan, ac wedi cryn lythyru llwyddodd y ddau i sicrhau gwahoddiad yno. Roedd Pwyllgorau Cymanwlad Lloegr a'r Alban yn rhy hwyr yn cyflwyno'u ceisiadau i'w hathletwyr gystadlu, felly yr unig athletwyr o Ynysoedd Prydain i hedfan i Auckland oedd y ddau o Gymru. Wedi iddynt gyrraedd Auckland, gwrthododd swyddogion Cymdeithas Gêmau'r Gymanwlad Cymru roi gwisg y tîm i'r ddau am nad oeddent yn eu hystyried yn athletwyr go-iawn.

Yn y diwedd llwyddodd y ddau i gael gafael ar un crys Cymru i'w rannu rhyngddynt. Cododd sefyllfa gwbl hurt lle bu'n rhaid i Tanni frysio oddi ar y trac wedi iddi orffen yn drydydd yn yr 800m i roi'r crys i Chris Hallam er mwyn iddo ef allu mynd i gystadlu yn ei ras yntau.

Nid dyna'r tro cyntaf i Tanni gael ei thrin mor warthus. Pan oedd yn fyfyrwraig ym Mhrifysgol Loughborough – dewis a wnaeth ar sail record wych y brifysgol ym myd chwaraeon – ni chafodd unrhyw gefnogaeth gan y clwb athletau yno. Roedd yn beth anarferol iawn, ar y pryd, i weld athletwraig yn defnyddio cadair olwyn ac roedd ambell agwedd henffasiwn yn bodoli yn y clwb na ddylai defnyddwyr cadair olwyn ymarfer ar yr un trac ag athletwyr abl.

Yn y diwedd penderfynodd Tanni ymarfer gyda'r clwb mynydda er mwyn gwella'r cryfder yn ei breichiau a dechreuodd ymarfer mwy ar ei phen ei hun ar hyd lonydd Loughborough. Llwyddodd i ennill y rasys 60m a 100m ym Mhencampwriaethau Myfyrwyr Anabl Prydain a chafodd ei dewis i gynrychioli Prydain mewn pencampwriaeth yn America. Ar sail ei pherfformiadau yn y cystadlaethau hyn cafodd Tanni ei dewis i gystadlu yn y Gêmau

Paralympaidd yn Seoul ym 1988, y tro cyntaf i'r Gêmau Paralympaidd ddefnyddio'r un lleoliad â'r Gêmau Olympaidd.

Methodd â gorffen ymysg y tri uchaf yn ei hoff gystadlaethau, y 100m a'r 200m, ond synnodd ei hun wrth iddi gipio medal efydd a record Brydeinig yn y 400m.

Wedi iddi ddychwelyd i Loughborough penderfynodd ei bod eisiau cystadlu ar y lefel uchaf oll, ac ychydig fisoedd cyn iddi raddio mewn gwleidyddiaeth a gweinyddiaeth gymdeithasol, cipiodd dair fedal aur yn y 100m, y 200m a'r marathon a medal arian yn y 400m ym Mhencampwriaethau Cadair Olwyn y Byd yn Stoke Mandeville, Lloegr.

Ym 1992, â'r Gêmau Paralympaidd ar y gorwel, cafodd Tanni ddechrau delfrydol i'r tymor wrth iddi ennill Marathon Llundain am y tro cyntaf. Er nad yw'n hoff o rasio ar strydoedd garw Llundain, mae'n cyfaddef bod y ras yn amhrisiadwy wrth godi proffil athletwyr sy'n defnyddio cadair olwyn – yn wir, dyma un peth oedd wedi ei hysbrydoli hithau, ac roedd ennill y ras mewn blwyddyn Baralympaidd yn hwb arbennig iddi.

Cafwyd ras arddangos 800m i ddefnyddwyr cadair olwyn yn ystod y Gêmau Olympaidd a llwyddodd Tanni i sicrhau ei lle yn y ras wrth ddod yn drydydd yn y rowndiau rhagbrofol yn New Orleans. Gan mai cystadlu mewn ras arddangos oedd Tanni, nid oedd yn cael aros ym mhentref yr athletwyr yn Barcelona a bu'n rhaid i swyddog o Gymdeithas Athletwyr Prydain ddwyn perswâd ar Gymdeithas Olympaidd Prydain i ganiatáu iddi gael gwisgo tracwisg y tîm. Unwaith eto, roedd athletwyr cadair olwyn yn cael eu trin yn wahanol i'r athletwyr abl.

Dair wythnos yn ddiweddarach roedd Tanni yn ei hôl yn Barcelona, a'r tro hwn roedd tîm Paralympaidd Prydain yn teithio fel un tîm mawr ac roedd ysbryd da ymhlith y gwahanol athletwyr.

Roedd Barcelona yn gêmau euraidd i Tanni wrth iddi gipio pedair medal aur yn y 100m, 200m, y 400m a'r 800m a sefydlu record Baralympaidd yn y pedair ras. Roedd agwedd y cyhoedd yn dechrau newid hefyd, gyda phobl yn sylweddoli bod ennill medal aur Baralympaidd ag angen yr un aberth, chwys a llafur caled â chipio medal aur yn y Gêmau Olympaidd.

Cafodd Tanni ei henwebu'n Bersonoliaeth Chwaraeon Cymreig y Flwyddyn gan y BBC yn ogystal â Phencampwraig Chwaraeon y Flwyddyn yn y *Sunday Times* er bod Sally Gunnell, oedd wedi cipio'r fedal aur yn y 400m dros y clwydi yn Barcelona, yn yr un categori.

Wedi Gêmau Paralympaidd Atlanta ym 1996, lle cipiodd Tanni dair medal arian yn y 100m, y 200m a'r 400m yn ogystal ag aur yn yr 800m, cafodd swydd ag Athletau Prydain yn hyrwyddo chwaraeon i'r anabl.

Dair blynedd yn ddiweddarach, wedi iddi briodi Ian Thompson, sydd hefyd yn athletwr cadair olwyn, penderfynodd Tanni adael ei swydd er mwyn canolbwyntio'n gyfan gwbl ar Gêmau Paralympaidd Sydney yn 2000. Talodd y penderfyniad ar ei ganfed wrth iddi gasglu pedair medal aur yn y 100m, y 200m, y 400m a'r 800m. Unwaith eto, enillodd lu o wobrau gan gynnwys yr OBE a Phersonoliaeth Chwaraeon Cymreig y Flwyddyn BBC Cymru.

Ganwyd ei merch, Carys, yn 2002 ond gwrthododd Tanni ymddeol a choronwyd ei gyrfa Baralympaidd, yn Athen yn 2004 wrth iddi ychwanegu dwy fedal aur yn y 100m a'r 400m at ei chasgliad o fedalau.

Tanni yw'r athletwraig Brydeinig sydd wedi ennill y nifer fwyaf o fedalau Paralympaidd, a hithau wedi casglu 13 medal, 11 ohonynt yn rhai aur, ac ar ôl y gêmau yn Athen cafodd ei hanrhydeddu â'r teitl y Fonesig.

Mae Tanni wedi penderfynu na fydd hi'n cystadlu yng Ngêmau Paralympaidd Beijing yn 2008 ond eto mae hi wedi gwrthod ymddeol o gystadlu'n rhyngwladol yn gyfan gwbl. Mae hi bellach yn rhannu ei hamser rhwng ymarfer a chystadlu a gyrfa yn y byd darlledu.

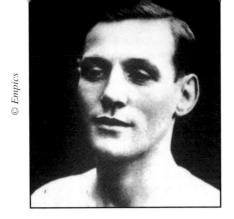

© Empics

Jimmy Wilde

Mae nifer o arbenigwyr yn cydnabod mai Jimmy Wilde yw un o'r bocswyr gorau i gamu i mewn i'r sgwâr erioed. Ac yntau ychydig fodfeddi dros ei bum troedfedd ac yn pwyso 100 pwys, roedd gan Wilde, neu'r 'Mighty Atom', ddwrn y byddai llawer i focsiwr trymach wedi bod yn falch ohono. Mae'n siŵr mai dyna oedd i gyfrif am un arall o'i ffugenwau, 'The Ghost With A Hammer In His Hand'.

Fe'i ganed ym 1892 ym Merthyr Tudful, ond pan oedd yn 12 mlwydd oed symudodd y teulu i Tylorstown yn y Rhondda. Dechreuodd Wilde weithio ym mhyllau glo y Rhondda, ac yno yn nhywyllwch y pyllau y magodd y nerth syfrdanol y daeth yn enwog amdano. Dyna hefyd pryd y cafodd un arall o'i ffugenwau, 'The Tylorstown Terror'.

Er mwyn dianc o'r pwll a'r amodau gwaith dychrynllyd yno, dechreuodd Wilde focsio ym mlychau bocsio'r ffeiriau lleol. Credir ei fod wedi ymladd bron i 1,000 o ornestau, gyda nifer helaeth o'i wrthwynebwyr yn llawer iawn trymach nag ef. Yn y ffeiriau hyn llwyddodd Jimmy i fagu'r sgiliau yr oedd arno eu hangen i fod yn feistr y cylch – dwylo anhygoel o gyflym a'r gallu i ddawnsio'n chwim o amgylch ei wrthwynebydd. Magodd hefyd ddull unigryw o focsio – safai gyda'i ddwylo'n isel wrth ei gluniau, fel cowboi yn mynd am ei wn, a thaflai ddyrnodiau o'i gwrcwd.

Mae'n bosibl fod Jimmy wedi ymladd hyd at 25 o ddynion y dydd, ond roedd ganddo reswm da dros wneud hynny. Gallai ennill cymaint â chyflog wythnos yn y pwll mewn un diwrnod yn y blychau bocsio! Roedd ei lwyddiant yn y ffeiriau bocsio yn ddigon i'w ddarbwyllo i geisio bocsio'n broffesiynol, ac wedi gornest gyfartal yn erbyn Les Williams yn ei ornest gyntaf un, dechreuodd Jimmy Wilde rediad anhygoel o bedair blynedd a 101 gornest heb golli.

Pan gyrhaeddodd y 'Ring' enwog yn Blackfriars ym 1912 i wneud ei ymddangosiad cyntaf yn Llundain, roedd gwraig yr hyrwyddwr, Dick Burge, wedi synnu wrth weld dyn mor eiddil yn camu i'r sgwâr ac erfyniodd ar ei gŵr i beidio â gadael iddo ymladd. 'Peidiwch â gadael i'r dyn bach druan ymladd,' meddai. 'Rhowch bryd o fwyd iddo a'i yrru adref.'

Ni chymerodd yn hir i Jimmy brofi ei fod yn llawn haeddu bod yn y sgwâr wrth iddo drechu'r arwr lleol, Matt Wells, yn rownd gyntaf yr ornest. O fewn y flwyddyn roedd Jimmy'n bencampwr Prydain. Ymysg y bocswyr eraill a ddioddefodd yn erbyn y Tylorstown Terror roedd Sid Smith a Joe Symonds, dau focsiwr oedd yn ceisio am Bencampwriaeth y Byd. Yn wir, roedd Symonds eisoes wedi trechu Percy Jones, y Cymro cyntaf i ennill Pencampwriaeth Focsio'r Byd.

Wrth geisio am Bencampwriaeth Pwysau Pryf Ewrop yn erbyn yr Albanwr Tancy Lee y dioddefodd Jimmy Wilde ei golled gyntaf wrth i'w hyfforddwyr daflu'r tywel i'r sgwâr yn ystod yr ail rownd ar bymtheg. Wedi'r ornest, pan gollodd Jimmy ei goron Brydeinig, roedd y Cymro'n gandryll, a mynnodd nad oedd ei hyfforddwyr fyth i ildio gornest ar ei ran eto.

Daeth ei awr fawr yn ystod y Rhyfel Byd Cyntaf pan oedd yn Swyddog Ymarfer Corff yn y fyddin. Ym mis Chwefror 1916 trechodd Joe Symonds am yr eildro er mwyn sicrhau Pencampwriaeth Pwysau Pryf y Byd a llwyddodd i amddiffyn ei goron ar bedwar achlysur yn yr un flwyddyn, gan gynnwys dwy ornest ar yr un diwrnod ym mis Mai, cyn cwrdd â'r Young Zulu Kid ym mis Rhagfyr.

Mae nifer o lyfrau hanes yn gwrthod cydnabod bod Jimmy Wilde yn bencampwr byd cyn ei ornest â'r Zulu Kid gan nad oedd America yn cydnabod y goron, ond llwyddodd Jimmy i drechu'r Americanwr mewn 11 rownd a sefydlu ei hun yn Bencampwr swyddogol Pwysau Pryf y Byd.

Amddiffynnodd ei goron ar un achlysur arall gan drechu George Clarke, a llwyddodd, gyda'r fuddugoliaeth honno, i adennill ei goron Ewropeaidd a choron Prydain.

Wedi iddo drechu pob gwrthwynebydd yn y dosbarth pwysau pryf, dechreuodd Wilde dderbyn gornestau â bocswyr trymach, ac ym 1918 derbyniodd her gan y bocsiwr pwysau plu, Joe Conn, i ymladd mewn gornest i ddathlu diwedd y Rhyfel Byd Cyntaf. Er bod Wilde ddwy stôn yn ysgafnach na Conn, tarodd ei wrthwynebydd i'r canfas chwe gwaith yn y ddegfed rownd cyn ei daro allan yn gyfan gwbl yn y ddeuddegfed rownd. Ni allai Jimmy Wilde dderbyn unrhyw arian am yr ornest, ond derbyniodd gwraig Wilde fag o ddiemwntau gwerth £3,000.

Ym 1921, wedi iddo golli yn erbyn cyn-Bencampwr Pwysau Bantam y Byd, Pete Herman, ac er iddo drechu Young Jennings am y trydydd tro yn ei yrfa, penderfynodd Wilde ymddeol.

Ddwy flynedd yn ddiweddarach llwyddwyd i ddwyn perswâd ar y Cymro i roi ei ymddeoliad o'r neilltu ac ymladd yn erbyn y bocsiwr ifanc o Ynysoedd y Philippines, Pancho Villa. Erbyn hyn roedd Wilde yn 31 mlwydd oed ac nid oedd mor chwim yn y sgwâr â'i wrthwynebydd, a oedd naw mlynedd yn iau nag ef.

Wrth i'r gloch ganu ar ddiwedd yr ail rownd trodd Jimmy i fynd yn ôl i'w gornel ond tarodd Villa ef â dwrn i'w ên. Er ei fod yn amlwg yn dioddef wedi'r ergyd annisgwyl, daeth y Cymro allan ar gyfer y drydedd rownd, ac er bod Villa yn ei gosbi gwrthododd Wilde ag ildio. Brwydrodd Jimmy ymlaen yn ddewr hyd y seithfed rownd, ond gyda'i wyneb yn waedlyd ac yntau'n ei chael yn anodd gweld, daeth y dyfarnwr â'r ornest i ben.

Er y golled roedd Wilde yn uchel iawn ei barch yn y byd bocsio ac mae ei enw'n amlwg iawn bob tro y bydd trafodaeth yn codi am y bocswyr gorau erioed. Cafodd ei enwebu'n aelod gwreiddiol o'r

Oriel Enwogion Bocsio ym 1959 yn ogystal â'r Oriel Enwogion Bocsio Ryngwladol ym 1990. Yn 2003 lluniwyd rhestr o 100 bocsiwr gorau'r byd gan y cylchrawn *Ring Magazine* a chafodd Wilde ei osod yn drydydd ar y rhestr y tu ôl i Joe Louis a Sam Langford.

Bu farw Wilde ym 1969 yn 77 mlwydd oed, ond mae diweddglo trist iawn i stori un o gewri campau Cymru. Treuliodd bedair blynedd olaf ei fywyd yn Ysbyty'r Eglwys Newydd wedi i rywun ymosod arno yng ngorsaf drenau Caerdydd ym 1965.

Mae Wilde wedi ei gladdu ym mynwent Merthyr Dyfan ger y Barri. Nid oes cofeb wedi ei chodi i gofio un o arwyr mwyaf y sgwâr bocsio, ond cafwyd apêl yn ddiweddar er mwyn sicrhau bod ei wregys Lonsdale, a enillodd wrth amddiffyn ei goron Brydeinig ar dri achlysur, yn aros yng Nghymru. Mae modd gweld y gwregys yn Oriel Enwogion Chwaraeon Cymru yn Amgueddfa Sain Ffagan, Caerdydd.

Ray Reardon

Pan enillodd Ray Reardon Bencampwriaeth Snwcer y Byd am y tro cyntaf ym 1970 roedd wedi gorfod benthyg £100 gan ffrind er mwyn cofrestru ar gyfer y twrnament ac roedd hefyd yn gorfod gweithio'n achlysurol fel peintiwr er mwyn sicrhau ei fod yn gallu cynnal ei deulu.

Erbyn iddo ymddeol dros 20 mlynedd yn ddiweddarach roedd y Cymro wedi llwyr reoli'r gamp trwy gyfnod cyffrous a welodd snwcer yn symud o fod yn gamp a chwaraeid mewn clybiau gwaith a thafarndai i fod yn un o'r prif atyniadau ar deledu Prydain.

Magwyd Ray yn Nhredegar yn Sir Fynwy ac roedd yn hoff iawn o chwaraeon. Roedd yn aelod o dîm criced YMCA y dref yn ogystal â bod ar gyrion y tîm pêl-droed, ond, diolch i ddylanwad ei dad a'i daid, biliards a snwcer oedd yn mynd â'i fryd yn bennaf. Roedd ei dad, Ben, yn arweinydd Undeb y Glowyr yng nglofa Tŷ Trist ac, ynghyd â'i bedwar brawd, roedd Ben yn aelod o dimau biliards a snwcer Sefydliad y Gweithwyr yn Nhredegar.

Roedd Dan, ewythr Ray, yn awyddus i ddysgu ei nai sut i chwarae'r gamp ac felly, ar brynhawn Sul, byddai'n creu bwrdd snwcer ar fwrdd y gegin gyda llyfrau wedi'u gosod fel pocedi a marblis fel peli. Un Nadolig, cafodd Ray fwrdd snwcer bychan yn anrheg a byddai'n ymarfer arno am oriau bob nos gan herio'i dad a'i ewythr. Roedd yr ymarfer yma'n amlwg yn ddefnyddiol pan ddechreuodd Ray chwarae ar fyrddau go-iawn yr Institiwt Ac yntau ond yn 10 mlwydd oed, roedd yn rhy ifanc i fod yn y clwb, ond cafodd ganiatâd y rheolwr i chwarae ar fyrddau o'r golwg, dim ond iddo ildio'i le pe bai aelod o'r clwb eisiau defnyddio'r bwrdd.

Pan oedd yn 13 mlwydd oed, er ei fod yn dal i fod flwyddyn yn iau nag oedran mynediad yr Institiwt, cafodd ei ddewis i chwarae yn nhîm snwcer y clwb. Roedd gêmau'r clwb yn nosweithiau teuluol wrth i Ray ymuno â'i dad a thri ewythr iddo yn y tîm!

Pan oedd yn ei arddegau, llwyddodd Ray i ychwanegu at ei bres poced gan chwalu ei wrthwynebwyr ar fyrddau biliards a snwcer y dref am arian. Gallai ennill hyd at £4 ar brynhawn Sadwrn – swm a oedd yn cyfateb i gyflog wythnos yn y pyllau glo bryd hynny.

Wedi gadael ysgol yn 14 mlwydd oed cafodd ei yrru i fod yn brentis mewn garej gan nad oedd ei dad am ei weld yn gweithio yn y pyllau glo. Cyfnod byr ac aflwyddiannus a gafodd yno, a buan y symudodd Ray i weithio ym mhwll glo Tŷ Trist.

Oherwydd ei allu fel chwaraewr snwcer, cafodd gefnogaeth yr Undeb yn Nhŷ Trist i sicrhau nad oedd yn rhaid iddo weithio shifft nos – rhywbeth a oedd yn ei alluogi i ymarfer a chystadlu ar hyd a lled Cymru a Lloegr. Codai am 5 o'r gloch pob bore, gorffennai ei waith am 2 o'r gloch y prynhawn ac yna byddai'n treulio gweddill y dydd yn ymarfer yn yr Institiwt.

Dechreuodd ei waith caled ddwyn ffrwyth pan, ym 1949, ac yntau yn 17 mlwydd oed, llwyddodd i gipio Pencampwriaeth Amatur y *News of the World* a Phencampwriaeth Amatur Cymru, a hynny am chwe mlynedd o'r bron rhwng 1950 a 1955.

Ym 1956, gyda phyllau glo Mynwy yn cau, symudodd y teulu i ogledd Stafford a chafodd Ray a'i dad swyddi ym mhwll glo Florence ger Stoke-on-Trent. Flwyddyn yn ddiweddarach roedd Ray yn ffodus i orffen ei shifft o gwbl wedi i do'r pwll ddymchwel a'i ddal yn gaeth yn ei grombil am dair awr.

Parhaodd Ray â'i snwcer, gan ymuno â chlwb snwcer yng Nghlwb Rhyddfrydwyr Hanley, a golygai hynny y gallai gystadlu ym Mhencampwriaeth Amatur Lloegr. Wedi iddo briodi ei wraig Sue ym

1959 penderfynodd Ray chwilio am waith llai peryglus ac ymunodd
â Heddlu Stoke-on-Trent. Roedd y Prif Gwnstabl yn annog ei
swyddogion i gystadlu yn y campau ac roedd yn falch iawn pan
enillodd Ray Bencampwriaeth Snwcer Heddlu Prydain Fawr ym
1962 a 1963.

Ym 1964 enillodd Bencampwriaeth Amatur Lloegr gan drechu
gŵr fyddai'n dod yn wrthwynebydd cyson iddo yn y blynyddoedd
dilynol, sef John Spencer.

Wedi mwy o lwyddiant yn y gêm amatur, gan gynnwys ei
bedwaredd buddugoliaeth ym Mhencampwriaeth Heddlu Prydain
Fawr, daeth Ray i sylw rhai o noddwyr y gamp a chafodd gyfle i
deithio i Dde Affrica i chwarae mewn cyfres Brawf yn erbyn goreuon
y wlad. Wedi dychwelyd o Dde Affrica ym 1967 penderfynodd Ray
roi'r gorau i'w swydd fel heddwas a throi'n chwaraewr proffesiynol.

Wrth gystadlu ym Mhencampwriaeth y Byd am y tro cyntaf ym
1969, collodd yn y rownd gyntaf o 25 ffrâm i 24 yn erbyn Fred Davis.
Daeth ei fuddugoliaeth gyntaf yn y byd proffesiynol yng
Nghystadleuaeth *Pot Black* y BBC wrth iddo drechu John Spencer yn
y rownd derfynol gyntaf erioed ym 1969. Dyma oedd yr hwb yr oedd
Ray ei angen a llwyddodd i ennill y gyntaf o'i chwe Pencampwriaeth
Byd ym 1970 wrth iddo drechu John Pulman yn Neuadd Victoria,
Llundain.

Collodd yn erbyn John Spencer yn rownd derfynol
Pencampwriaeth 1971, a flwyddyn yn ddiweddarach collodd eto yn
rownd yr wyth olaf, ond daeth yn ôl i sicrhau pedair pencampwriaeth
o'r bron yn erbyn Eddie Charlton, Graham Miles, Charlton eto ac
Alex Higgins.

Wrth i snwcer dyfu mewn poblogrwydd – diolch yn rhannol i'r
gyfres *Pot Black* – roedd mwy o bencampwriaethau yn cael eu
sefydlu. Cynhaliwyd Pencampwriaeth y Meistri am y tro cyntaf ym
1975 a chollodd Ray yn y rownd derfynol yn erbyn John Spencer,
ond llwyddodd i gipio'r teitl flwyddyn yn ddiweddarach.

Ym 1977 cynhaliwyd Pencampwriaeth y Byd yn Theatr y

Crucible, Sheffield am y tro cyntaf erioed – ac er ei fod yn hyderus o allu sicrhau ei bumed coron o'r bron, colli fu hanes Ray yn rownd yr wyth olaf yn erbyn ei hen elyn, John Spencer.

Ym 1978 casglodd ei chweched teitl ym Mhencampwriaeth y Byd wrth iddo drechu Perrie Mans o Dde Affrica yn y rownd derfynol a sicrhau ei unig fuddugoliaeth yn y Crucible.

Llwyddodd Ray i reoli'r gamp yn ystod y 1970au gan ennill Pencampwriaeth Broffesiynol Pontins ar bedwar achlysur a Phencampwriaeth Agored Pontins unwaith. Cipiodd gystadleuaeth *Pot Black* am yr eildro ym 1979 ac felly, pan gyflwynwyd rhestr detholion y byd ym 1976, nid oedd yn syndod mai Ray oedd y prif ddetholyn. Wrth gipio Pencampwriaeth Broffesiynol y Chwaraewyr a chyrraedd rownd derfynol Pencampwriaeth y Byd cyn colli yn erbyn Alex Higgins ym 1982, yn ogystal â chipio Pencampwriaeth Broffesiynol Cymru ym 1977, 1981 a 1983, llwyddodd i ddal ei afael ar ei safle am bum mlynedd. Wedi blwyddyn oddi ar y brig ym 1982, brwydrodd yn ôl i frig rhestr y detholion ym 1983 wrth iddo gipio'r fuddugoliaeth ym Mhencampwriaeth Ryngwladol y Meistri.

Er iddo gyrraedd y rownd gynderfynol yn y Crucible ym 1985, roedd Ray'n llithro i lawr rhestr y detholion. Penderfynodd ymddeol ym 1992 wedi iddo ddechrau cael trafferth potio peli oherwydd bod ei olwg yn dirywio.

Ers iddo ymddeol mae Ray, neu 'Dracula' fel yr adwaenir ef gan y cefnogwyr oherwydd ei wallt trawiadol, wedi dod yn fentor i Ronnie O'Sullivan, y Sais athrylithgar a gipiodd Bencampwriaeth y Byd yn 2001 a 2004.

© BBC

Lynn Davies

Ym mis Hydref 1964, yn stadiwm Olympaidd Tokyo, llwyddodd mab i löwr o Nantymoel gipio medal aur yn y naid hir. Ef oedd y Cymro cyntaf erioed i ennill medal aur unigol yn y Gêmau Olympaidd.

Wrth i Lynn Davies neidio 8.07m a threchu Igor Ter-Ovanesyan o'r Undeb Sofietaidd a Ralph Boston o America, sicrhaodd fod Prydain yn cael buddugoliaeth ar y maes athletau am y tro cyntaf er 1908. Cyn hyn, nid oedd Lynn wedi credu am eiliad y byddai'n gallu atal yr Americanwr, Ralph Boston, rhag amddiffyn ei goron. Roedd Boston wedi sicrhau ei le yn Tokyo wrth iddo sefydlu record byd newydd o 8.34m yn nhreialon America. Er hynny, daeth hwb i obeithion Lynn wedi iddo wylio Boston yn crafu ei ffordd i mewn i rownd derfynol Gêmau Tokyo gyda'i naid olaf yn y rownd ragbrofol. Roedd y tywydd yn ffafrio Lynn hefyd. Gyda'r gwynt yn chwythu i wynebau'r athletwyr a'r tymheredd yn is na 15 gradd, roedd stadiwm Olympaidd Tokyo yr un ffunud â thrac Maindy, Caerdydd, gyda phyllau dŵr yn casglu ar y trac.

Er gwaetha'r amgylchiadau, llwyddodd Lynn i neidio ymhellach nag erioed o'r blaen ac esgyn i safle'r fedal aur gyda'i naid o 8.07m. Gyda'r pwysau bellach ar ei wrthwynebwyr, ymatebodd Ter-Ovanesyan â naid o 7.99m, ac yn y rownd olaf un gwibiodd Boston i lawr y trac gan lanio'n hynod agos at farc y Cymro. Bu'n rhaid i Lynn ddisgwyl yn amyneddgar wrth i'r swyddogion fesur naid yr Americanwr, ond torrodd gwên anferth ar ei wyneb wrth i'r

105

sgorfwrdd ddangos naid o 8.03m i Boston. Roedd Lynn yn Bencampwr Olympaidd!

Bu bron i'r byd athletau Cymreig fethu ei awr fawr wedi i Lynn ddisgleirio â chlwb pêl-droed Lewistown yng Nghynghrair Cymru (Y De) pan oedd yn fachgen 17 mlwydd oed. Aeth yn ei flaen i arwyddo cytundeb amatur â Chlwb Pêl-droed Caerdydd, ond fel nifer o athletwyr Cymreig o'r un genhedlaeth, ysbrydolwyd Lynn i droi yn ôl at y byd athletau wedi iddo ymweld â Gêmau'r Ymerodraeth yng Nghaerdydd ym 1958. Daeth i'r casgliad nad oedd unrhyw arian i'w wneud wrth chwarae pêl-droed, a dychwelodd i Goleg Cyncoed i hyfforddi fel athro ymarfer corff ac i barhau â'i yrfa athletau.

Daeth Lynn i lygad y cyhoedd fel bachgen ifanc 19 mlwydd oed ym Mhencampwriaethau Cymru ar drac Maindy, Caerdydd, ym 1961. Bryd hynny nid oedd yn aelod o glwb ac roedd yn ei hyfforddi ei hunan.

Yn rhyfedd ddigon, nid yn y naid hir y casglodd Lynn y fedal aur yn y gêmau hynny, ond yn y naid driphlyg, gan chwalu'r record Gymreig gyda naid o 14.91m. Medal arian yn unig a gafodd yn y naid hir, gan orffen y tu ôl i Brian Woolley.

Roedd talent naturiol Lynn wedi denu sylw Ron Pickering, hyfforddwr cenedlaethol Cymru, a chymerodd Pickering ef o dan ei adain. Credai Pickering fod gan Lynn y gallu i gyrraedd y brig, a chreodd gynllun tair blynedd iddo a fyddai'n ei arwain at Gêmau Olympaidd Tokyo ym 1964.

Wedi iddo ymuno â chlwb athletau'r Roath Harriers yn y Rhath, dechreuodd Lynn esgyn ysgol y byd athletau gan gystadlu ym Mhencampwriaethau Ewrop a Gêmau'r Gymanwlad ym 1962. Gorffennodd yn unfed ar ddeg yn Belgrade cyn hedfan i Perth, Awstralia i gynrychioli Cymru. Colli yn ail rownd y 100 llath fu ei hanes yn y fan honno, a gorffen yn yr unfed safle ar ddeg yn y naid driphlyg, ond dringodd i'r pedwerydd safle yn y naid hir.

Wedi ei lwyddiant annisgwyl yn Tokyo, llwyddodd i sicrhau'r fedal aur yn gwisgo fest Cymru yng Ngêmau'r Gymanwlad yn

Kingston, Jamaica ac eto mewn fest Brydeinig ym Mhencampwriaethau Athletau Ewrop yn Budapest, gan drechu Ter-Ovanesyan unwaith eto.

Roedd disgwyliadau mawr wrth i'r pedwar athletwr gorau yn y naid hir ddod at ei gilydd ar gyfer Gêmau Olympaidd 1968 ym Mexico City. Gyda'r pencampwr Olympaidd, Lynn, yn wynebu Boston a Ter-Ovanesyan, a oedd yn rhannu'r record byd (8.35m), a Bob Beamon, yr Americanwr oedd wedi neidio 8.33m yn ystod y tymor, roedd hon yn argoeli bod yn gystadleuaeth i'w chofio.

Proffwydodd Lynn mai un naid dda fyddai ei hangen ar Beamon gan fod yr aer mor denau ym Mexico City, sydd 7,400 troedfedd yn uwch na lefel y môr, er mwyn chwalu gweddill y cystadleuwyr. Yn anffodus i'r Cymro, roedd yn hollol gywir wrth i Beamon sefydlu record byd newydd o 8.90m – record a fyddai'n parhau am 23 mlynedd tan i'w gydwladwr, Mike Powell, ei thorri ym Mhencampwriaethau'r Byd yn Tokyo yn 2001.

Roedd naid anferthol Beamon yn ergyd drom i hyder Lynn. Gorffennodd yn yr wythfed safle gyda naid o 7.94m a chafodd ei adael allan o'r rownd derfynol trwy gamgymeriad. Erbyn i'r swyddogion sylwi ar hyn, nid oedd gan Lynn unrhyw awydd i barhau â'r gystadleuaeth.

Nid oedd 1968 yn flwyddyn i'w hanghofio'n llwyr, fodd bynnag – llwyddodd Lynn i osod record Brydeinig yn y naid hir mewn cyfarfod yn Berne yn y Swistir ym mis Mehefin gyda naid o 8.23m. Safodd y record honno am 34 mlynedd tan i'r Sais Chris Tomlinson ei thorri gyda naid o 8.27m yn Tallahassee, Florida, yn 2002, ond mae'r pellter yn parhau fel record Gymreig.

Ym 1970 llwyddodd Lynn i amddiffyn coron y Gymanwlad yng Nghaeredin gan ennill y fedal aur unwaith eto, a chafodd y fraint o fod yn gapten tîm dynion Prydain yng Ngêmau Olympaidd Munich ym 1972, ond wedi iddo fethu â chyrraedd rownd derfynol y naid hir penderfynodd ymddeol o gystadlu.

Yn ogystal â'i bedair medal aur, cynrychiolodd Lynn Gymru a

Phrydain ar 45 achlysur rhwng 1962 a 1972 gan gynnwys 28 buddugoliaeth yn y 100m, y naid hir a'r rasys cyfnewid. Roedd yn bencampwr yr AAA ar bum achlysur a chipiodd bencampwriaeth dan-do Prydain ddwywaith. Roedd hefyd yn Bencampwr Cymru yn y naid hir ar bedwar achlysur a'r naid driphlyg ddwywaith, ond er iddo sefydlu record Gymreig yn y 100 llath a'r 220 llath, methodd â threchu Ron Jones erioed yn y ddwy ras wibio ym mhencampwriaeth Cymru.

Wedi ymddeol, cafodd ei benodi'n Gyfarwyddwr Technegol tîm athletau Canada ar gyfer Gêmau'r Gymanwlad ym 1974 a Gêmau Olympaidd 1976. Cafodd swydd wedyn fel rheolwr tîm Prydain a dychwelodd i Goleg Cyncoed, y coleg lle bu'n fyfyriwr, fel darlithydd. Mae'n parhau i fod yn ffigwr pwysig ym myd athletau, ac yn 2002 fe'i etholwyd yn llywydd ar gymdeithas UK Athletics am gyfnod o bedair blynedd.

© BBC

Howard Winstone

Tra bod y rhan fwyaf o gewri'r byd chwaraeon yn cael eu hedmygu a'u clodfori am eu buddugoliaethau, mae'n rhyfedd meddwl mai am golli deirgwaith mewn gornestau am Bencampwriaeth y Byd y mae'r byd bocsio yn cofio Howard Winstone.

Er iddo drechu Mitsunori Seki o Siapan a chipio Pencampwriaeth Pwysau Plu'r Byd ym 1968, caiff y gŵr o Ferthyr ei ystyried yn arwr y sgwâr bocsio oherwydd tair brwydr arwrol yn erbyn Vicente Saldivar o Fecsico. Mewn tair gornest glasurol rhwng 1965 a 1967, collodd Winstone ar bwyntiau yn erbyn Saldivar ar ddau achlysur cyn gorfod ildio yn y drydedd ornest ym Mexico City.

Magwyd Howard Winstone ym Merthyr Tudful – tref wych i fagu bocsiwr, yn ôl ei hyfforddwr a chyn-bencampwr pwysau welter Ewrop, Eddie Thomas, un a gredai fod y dref mor galed fel bod plant yn cael eu geni â'u dyrnau'n barod i gwffio. Roedd Howard Winstone yn dipyn o golbiwr yn y sgwâr fel bachgen ifanc, ond yn ystod ei arddegau collodd ben tri bys ar ei law dde mewn damwain pan oedd yn gweithio mewn ffatri deganau. Er iddo wella o'i anafiadau, collodd lawer o'r grym yn ei ddwrn a bu'n rhaid iddo newid ei arddull bocsio.

Wrth iddo ddyfalbarhau gyda Thomas yng nghampfa Penydarren, llwyddodd i feithrin *jab* grymus â'i law chwith, ergyd ddaeth yn nodweddiadol o'i focsio, ynghyd â chyflymder anhygoel ei ddwylo.

Yn y gampfa roedd Thomas yn gwneud yn siŵr bod Winstone yn

ymarfer yn erbyn bocswyr o bob pwysau gan ei fod yn credu bod bocsio'r rhai ysgafn yn gwella'i gyflymder tra bod bocsio'r rhai trwm yn cryfhau ei *jab*. O gyfuno'r gwaith caled â thalent aruthrol Howard, nid oedd fawr o syndod bod ei yrfa fel bocsiwr amatur mor llwyddiannus wrth iddo ennill 83 o'i 86 gornest.

Wedi iddo gipio Pencampwriaeth yr Amateur Boxing Association ddwywaith a Phencampwriaeth Amatur Ewrop unwaith, daeth uchafbwynt ei yrfa amatur yng Ngêmau'r Ymerodraeth yng Nghaerdydd ym 1958. Llwyddodd Winstone i drechu Oliver 'Frankie' Taylor o Awstralia yn rownd derfynol yr ornest pwysau plu yng Ngerddi Soffia er mwyn sicrhau medal aur gyntaf Cymru ers i Jim Alford ennill ras y filltir ac i Dennis Reardon ennill y bocsio pwysau canol yn Sydney ym 1938.

Wedi iddo droi'n broffesiynol llwyddodd Howard Winstone i ddysgu ei grefft yn y byd proffesiynol, gan focsio mewn gornestau yng Nghasnewydd, Porthcawl, Abertawe ac Aberdâr, ond cyhoeddodd wrth y byd bocsio ei fod wedi cyrraedd pan drechodd Terry Spinks i ennill coron Pwysau Plu Prydain ym 1960.

Roedd Spinks wedi cipio medal aur y Gêmau Olympaidd ym Melbourne ym 1956 ac roedd Howard yn ei herio yn ei filltir sgwâr gyda'r ornest yn Wembley, ond roedd y Cymro'n llawer cryfach na Spinks. Yn yr wythfed rownd llwyddodd Howard Winstone i daro Spinks 20 gwaith heb i'r Sais ymateb, ac wedi dwy rownd arall gwrthododd Spinks adael ei gornel.

Llwyddodd Howard i gadw'r bencampwriaeth hon yn ogystal â Phencampwriaeth Pwysau Plu Ewrop, a gasglodd wrth iddo drechu Alberto Serti o'r Eidal ym 1963, hyd ei ymddeoliad. Roedd y buddugoliaethau hyn yn y dyddiau pan oedd y cyhoedd yn gwerthfawrogi Pencampwriaeth Prydain a Phencampwriaeth Ewrop, a gwasgodd torf o bron i 10,000 i mewn i Stadiwm Maindy, Caerdydd, i wylio gornest Howard yn erbyn Serti.

Wedi iddo amddiffyn ei goron Ewropeaidd ar bedwar achlysur, cafodd Howard gyfle i herio Sugar Ramos am Bencampwriaeth

Pwysau Plu'r Byd, ond roedd ei hyfforddwr, Eddie Thomas, o'r farn na ddylai wynebu'r gŵr o Giwba. Cafodd Thomas ei feirniadu am fod yn or-warchodol o'i focsiwr gan fod nifer o wybodusion y byd bocsio yn credu bod Ramos, a oedd yn bocsio ym Mecsico wedi iddo ddianc o Giwba, ymhell heibio ei orau. Yn y diwedd, Saldivar oedd gwrthwynebydd Ramos a llwyddodd y bocsiwr o Fecsico i gipio'r goron.

Roedd Saldivar yn focsiwr grymus a oedd eisoes wedi ennill 25 o'i 26 gornest broffesiynol pan gyfarfu â Howard Winstone yn Earls Court, Llundain ym 1965. Roedd bron i 12,000 o Gymry wedi teithio draw i Lundain ar gyfer yr ornest ond roedd grym Saldivar yn ormod a chafodd y Cymro drafferth ymdopi â'r bocsiwr llaw chwith. Er i Howard daflu dwrn anferthol yn y rownd olaf, cafodd ei siomi wedi i Saldivar gadw ei goron, diolch i benderfyniad y dyfarnwyr.

Wedi'r ornest hon llwyddodd Howard Winstone i ddychwelyd i'r sgwâr ac amddiffyn ei bencampwriaeth Ewropeaidd ar bedwar achlysur, ond gyda chanlyniad yr ornest â Saldivar mor agos roedd yn anorfod y byddai'r ddau yn cwrdd unwaith eto. Cytunodd Saldivar i deithio i Gymru ym mis Mehefin 1967 a thyrrodd dros 30,000 o bobl i Barc Ninian ar gyfer yr ail ornest – bron i 20,000 yn fwy nag oedd yn mynd i wylio Caerdydd yn ystod y tymor pêl-droed.

Cafodd Howard Winstone ornest orau ei fywyd, yn ôl nifer o'r adroddiadau papur newydd, ac er ei fod i'w weld ar y blaen wedi'r ddeg rownd gyntaf llwyddodd Saldivar i frwydro'n ôl a llorio Howard yn y bedwaredd rownd ar ddeg.

Roedd angen cryn ysbryd ar Howard i godi i'w draed wrth i'r dyfarnwr, Wally Thom, oedd wedi trechu Eddie Thomas am goron pwysau welter Prydain rai blynyddoedd yn gynharach, ddechrau cyfrif. Cyrhaeddodd i wyth cyn i Howard godi. Er i'r Cymro lwyddo i sgorio yn y rownd olaf, roedd siom enfawr ar ddiwedd yr ornest wrth i Thom gyhoeddi mai Saldivar oedd yn fuddugol o hanner pwynt yn unig.

Cafwyd trydedd gornest ym Mexico City bedwar mis yn

ddiweddarach. Unwaith eto, Howard gafodd y gorau o'r rowndiau cynnar, a hynny o flaen torf elyniaethus, ond cafodd y Cymro ei daro i'r cynfas yn y seithfed rownd ac eto yn y ddeuddegfed a phenderfynodd Thomas daflu'r tywel i'r sgwâr a dod â'r ornest i ben.

Wedi bron i 42 rownd o focsio anhygoel, daeth y ddau wrthwynebydd yn ffrindiau mawr ac er y rhwystr ieithyddol bu'r naill yn ymweld â chartref y llall am flynyddoedd.

Gwireddwyd breuddwyd Howard Winstone ym mis Ionawr 1968, wedi ymddeoliad Saldivar, wrth iddo gael cyfle i herio Mitsunori Seki am bencampwriaeth Pwysau Plu'r Byd yn Llundain. Rheolodd y Cymro yr ornest yn Llundain yn llwyr, a bu'n rhaid i Seki ymddeol o'r ornest wedi naw rownd oherwydd anaf i'w lygaid.

Roedd cryn lawenydd ym Merthyr wrth i Howard Winstone ddychwelyd i'r dref, ond byrhoedlog fu'r dathlu. Gwta chwe mis yn ddiweddarach, collodd Howard ei goron wrth i'r bocsiwr ifanc o Giwba, Jose Legra, ei guro ym Mhorthcawl. Er bod Howard wedi trechu Legra ddwy flynedd yn gynharach, roedd y gŵr o Ferthyr ar y cynfas ddwywaith o fewn y ddwy rownd agoriadol a daeth y dyfarnwr â'r ornest i ben yn y bumed rownd.

Wedi iddo golli yn erbyn Legra roedd yn amlwg i bawb fod Howard wedi colli'r cyflymder a fu'n rhan mor bwysig o'i allu fel bocsiwr, a phenderfynodd ei bod hi'n bryd iddo ymddeol o'r gamp.

Bu farw Winstone yn 2000 a roedd y parch tuag ato ymysg pobl Merthyr yn amlwg wrth i drigolion y dref gasglu £44,000 i godi cerflun efydd ohono a'i osod yng nghanol y dref flwyddyn yn ddiweddarach.

© Empics

Nicole Cooke

Mae'n anodd credu bod pentref bach y Wig ym Mro Morgannwg, pentref bach cyffredin a chanddo boblogaeth o lai na 400, wedi cynhyrchu pencampwraig yn y byd beicio. Cyffredin yw'r gair diwethaf y byddai unrhyw un yn ei ddefnyddio i ddisgrifio Nicole Cooke.

Erbyn ei phen-blwydd yn 19 mlwydd oed roedd Nicole wedi bod yn Bencampwr Iau'r byd ar bedwar achlysur, wedi cipio medal aur yng Ngêmau'r Gymanwlad, ac wedi ennill Pencampwriaeth Feicio Merched Prydain dair gwaith.

Roedd beicio yn rhan bwysig o fywyd Nicole o'r eiliad yr oedd hi'n ddigon tal i allu eistedd ar gefn beic. Roedd ei thad, Anthony, wedi bod yn rasio pan oedd yn ifanc ac roedd ei deulu'n rhannu ei ddiddordeb mewn beicio. Atgof cynharaf Nicole yw mynd am wyliau teuluol ar gefn tandem gyda'i rhieni. Byddai ei thad a'i brawd iau, Craig, ar un tandem, Nicole a'i mam ar un arall, a'r *panniers* yn llawn o offer, dillad a bwyd wrth iddynt dreulio pythefnos yn seiclo o hostel i hostel.

Un haf, wrth ymweld â hostel ieuenctid, daeth Nicole o hyd i bamffled a oedd yn cyfeirio at rasys Cymdeithas Feicio Ysgolion Prydain ac roedd hi'n benderfynol o gael cyfle i rasio. Wedi iddi ddychwelyd adref aeth y teulu i Drac Maindy yng Nghaerdydd ac yma y cawsant wybodaeth am glwb Cardiff Ajax. Mae Nicole wedi bod yn aelod o'r clwb fyth er hynny.

O fewn tri mis i ymuno â'r clwb roedd Nicole wedi ennill Pencampwriaeth Cyclo-Cross dan-12 Cymru gan drechu'r bechgyn i gyd, ac ar ôl y fuddugoliaeth gyntaf honno, penderfynodd Nicole ei bod am gyrraedd y brig ar gefn ei beic.

Ym mis Awst 1995 teithiodd Nicole, oedd erbyn hyn yn 12 oed, i'r Iseldiroedd er mwyn cystadlu yn y Tour de Helmond, ras bum niwrnod lle mae'r beicwyr yn rasio yn erbyn beicwyr eraill o'r un oed, ac wedi wyth cymal roedd hi wedi trechu merched yr Iseldiroedd i gyd.

Parhaodd Nicole i gystadlu ar y trac, ar y ffordd ac mewn pencampwriaethau Cyclo-Cross ym Mhrydain. Cipiodd goron ar ôl coron a phan ddychwelodd i'r Tour de Helmond ym 1997, llwyddodd i ennill pump o'r wyth cymal a sicrhau buddugoliaeth yn y ras gan drechu nifer o fechgyn cryf iawn.

Rhwng 1994 a 1998, enillodd Nicole 32 Pencampwriaeth Feicio Ysgolion Prydain ar y ffordd, ar y trac, yn erbyn y cloc ac ar feic mynydd. Yna, ym 1999, wedi iddi benderfynu cystadlu yn y categori hwnnw am y tro cyntaf, llwyddodd i ddod yn Bencampwraig Prydain ar y ffordd.

Er hyn, cafodd Nicole siom wrth i swyddogion Olympaidd Prydain ddatgan ei bod hi'n rhy ifanc i gystadlu yng Ngêmau Olympaidd Sydney yn 2000. Ceisiodd leddfu'r siom trwy gystadlu ym Mhencampwriaeth Iau'r Byd.

Cipiodd y fedal efydd ym Mhencampwriaeth Feicio Mynydd y Byd a'r fedal aur yn y Ras Ffordd ym Mhencampwriaethau Iau'r Byd yn Ffrainc. Y flwyddyn ganlynol cafodd Nicole dymor i'w gofio. Cipiodd dair Pencampwriaeth Iau'r Byd gan ddechrau â'r goron Beicio Mynydd yn Colorado, America er nad oedd hi wedi rasio beic mynydd ers blwyddyn. O fewn mis roedd hi hefyd wedi ennill y ras yn erbyn y cloc a'r ras ffordd ym Mhencampwriaeth Iau'r Byd yn Lisbon, Portiwgal.

Roedd Nicole eisoes wedi penderfynu ei bod am droi'n broffesiynol a dechreuodd ddysgu Eidaleg er mwyn gallu ymdopi â byw a rasio yn y wlad. Er mwyn paratoi ymhellach ar gyfer y flwyddyn ganlynol, cystadlodd yn y ras ffordd ym Mhencampwriaeth y Byd yn y Weriniaeth Siec gan orffen yn chweched.

Yn ei thymor cyntaf o rasio'n broffesiynol, llwyddodd Nicole i orffen ymysg y pump uchaf yn ras enwog y Flèche Wallonne, ac wrth baratoi ar gyfer Gêmau'r Gymanwlad ym Manceinion llwyddodd i ennill Pencampwriaeth Merched Prydain am y trydydd tro, a hithau'n ddim ond 19 mlwydd oed.

Roedd Nicole yn benderfynol o ddisgleirio tra oedd hi'n gwisgo crys Cymru yng Ngêmau'r Gymanwlad, ac wedi siom ar y trac ac yn y ras yn erbyn y cloc, roedd y rhyddhad a'r gorfoledd yn amlwg wrth iddi groesi'r llinell derfyn yn y ras ffordd. Gwyliodd ei chefnogwyr hi'n dyrnu'r awyr wrth iddi gipio'r fedal aur.

Yn 2003 dechreuodd Nicole ar ei hail dymor proffesiynol gan obeithio adeiladu ar ei llwyddiant yng Ngêmau'r Gymanwlad wrth gystadlu yn y Giro Donne/Giro D'Italia Femminile a cheisio cipio un o'r rasys yng nghyfres Cwpan y Byd. Ond bu'n rhaid iddi hi a'r tîm ailystyried wedi iddi ennill y ddwy ras gyntaf yng Nghwpan y Byd, yr Amstel Gold a'r Flèche Wallonne.

Gyda'r tîm yn ei chefnogi a chyda'r gyfres bellach yn flaenoriaeth, llwyddodd Nicole i gipio cyfres Cwpan y Byd, y person cyntaf o Brydain a'r person ieuengaf erioed i gyflawni'r gamp. Yn anffodus, oherwydd damwain yng Nghanada yng nghanol y tymor, pan anafodd Nicole ei phen-glin, bu'n rhaid iddi dynnu'n ôl o'r Giro Donne a dechreuodd yr anaf ei phoeni.

Wedi iddi fethu ag ymarfer trwy'r gaeaf, bu'n rhaid i Nicole fynd o dan gyllell y llawfeddyg. Ar un adeg, poenai o ddifrif fod ei gyrfa broffesiynol ar ben, ond profodd ei bod mor benderfynol ag erioed wrth iddi gipio Pencampwriaeth Prydain am y pedwerydd tro o'r bron, fis yn unig wedi'r llawdriniaeth.

Ar sail y fuddugoliaeth honno cafodd ei chynnwys yn nhîm Safi-Pasta Zara ar gyfer y Giro Donne. Gwaith Nicole yn ystod cymalau cynnar y ras naw cymal oedd cadw'r *Maglia Rosa*, siwmper binc arweinydd y ras, ar gefn arweinydd y tîm, Diana Ziliute, ac arwain y wibwraig o'r Almaen, Regina Schleicher, i geisio cipio buddugoliaeth mewn cymal.

Unwaith eto bu'n rhaid i reolwyr y tîm ailystyried eu cynlluniau wrth i Nicole chwalu gweddill y beicwyr a chipio'r wythfed cymal i fyny'r mynydd ger Eglwys Madonna Del Ghisallo a sicrhau mai hi oedd yn gwisgo'r *Maglia Rosa*. Nid oedd yr un Prydeiniwr wedi ennill un o brif rasys y byd beicio o'r blaen, ac wrth i Nicole groesi'r llinell derfyn ym Milan roedd wrth ei bodd yn cael torri ei henw yn y llyfrau hanes unwaith eto.

Yn anffodus i Nicole, roedd diffyg paratoadau'r gaeaf a'r brys i fod yn holliach ar gyfer y Giro yn golygu nad oedd ar ei gorau yn ystod Gêmau Olympaidd Athen 2004 a bu'n rhaid iddi fodloni ar y pumed safle yn y ras ffordd.

Wrth edrych ar restr yr hyn y mae Nicole wedi ei gyflawni, mae'n anhygoel sylwi sawl gwaith mae'r geiriau 'ieuengaf erioed' yn ymddangos. Hi yw'r person ieuengaf erioed i ennill Pencampwriaeth Prydain, y person ieuengaf erioed i ennill Cwpan y Byd, y person ieuengaf erioed i ennill y Giro Donne ... mae'r rhestr yn faith.

O gofio bod beicwyr gorau'r byd yn gwella wrth fynd yn hŷn – yn ôl yr arbenigwyr maent ar eu gorau wrth gyrraedd 30 mlwydd oed – does wybod beth sydd o flaen y ferch ifanc anghyffredin o'r Wig yn ystod y blynyddoedd sydd i ddod.

116

John Toshack

Does dim llawer o bobl yn gallu rhestru clybiau fel Lerpwl, Real Madrid, Real Sociedad a Deportivo la Coruña ar eu CV, ac y mae John Toshack ei hun yn cyfaddef na fyddai wedi credu hynny pe bai unrhyw un wedi awgrymu wrtho y byddai'n arwain Abertawe o'r Adran Isaf i frig yr Adan Gyntaf cyn mynd ymlaen i ennill a cholli swydd – ddwywaith! –- gyda Real Madrid.

Ganed John Benjamin Toshack yng Nghaerdydd ar 22 Mawrth 1949. Roedd dawn y bachgen ifanc, tal â phêl yn amlwg, ac er iddo chwarae yn yr ail reng i dîm rygbi Ysgol Pontcanna buan y dechreuodd wneud enw iddo'i hun â'r bêl gron.

Dechreuodd ei enw ymddangos yn rheolaidd yn ngholofnau pêl-droed ysgolion papur newydd nos Sadwrn Caerdydd, y *Football Pink*, wrth iddo sgorio llu o goliau i Ysgol Gynradd Radyr ac Ysgol Uwchradd Pontcanna. Rhwydodd 47 gôl i dîm Ysgolion Caerdydd mewn 22 gêm, ac wedi iddo gael ei alw i garfan Ysgolion Cymru llwyddodd i rwydo deirgwaith eto yn erbyn Ysgolion Gogledd Iwerddon.

Cyn pen dim roedd clwb y brifddinas yn dangos diddordeb yn yr ymosodwr ifanc a chafodd gytundeb â Chaerdydd gan sefydlu'r record fel y chwaraewr ieuengaf erioed i chwarae i Gaerdydd yn y gynghrair. Daeth John i'r maes fel eilydd yn erbyn Leyton Orient ym mis Tachwedd 1965 yn 16 mlwydd oed a sgoriodd ei gôl gyntaf i'r clwb o fewn 10 munud i ddod ar y maes.

Wedi dod yn aelod rheolaidd o dîm Caerdydd cafodd John air o gyngor gan un o gewri'r gamp. Roedd John Charles wedi ymuno â Chaerdydd ar ôl dychwelyd o'r Eidal ac yn fwy na pharod i aros ar ôl wedi i sesiynau ymarfer y tîm cyntaf ddod i ben er mwyn rhoi cyngor i'r ymosodwr ifanc.

Enillodd John Toshack dri chap i dîm dan-23 Cymru cyn cael ei alw i garfan lawn Cymru ar gyfer y gêm gyfeillgar yn erbyn Gorllewin yr Almaen yn Frankfurt ym 1969. Cafwyd gêm gyfartal, a chadwodd John ei le ar gyfer y gêm yn erbyn Dwyrain yr Almaen yng Ngêmau Rhagbrofol Cwpan y Byd ym 1970 ac eto ar gyfer Pencampwriaeth y Pedair Gwlad ym 1969, lle rhwydodd y gyntaf o'i 12 gôl dros Gymru wrth i'r Alban ennill o bum gôl i dair ar y Cae Ras, Wrecsam.

Llwyddodd Caerdydd i ennill Cwpan Cymru ym 1967, 1968 a 1969 a golygai hynny fod y clwb yn cynrychioli Cymru yng Nghwpan Enillwyr Cwpanau Ewrop. Roedd chwarae yn Ewrop yn rhagflas o'r hyn oedd i ddod i John wrth iddo herio rhai o dimau enwog y cyfandir a llwyddo i sgorio 11 gôl mewn 19 ymddangosiad yn Ewrop. Yn anffodus, nid oedd John yn rhan o awr fawr yr Adar Gleision yn ystod eu buddugoliaeth dros Real Madrid yng nghymal cyntaf rownd wyth olaf y gystadleuaeth ym 1971. Erbyn hynny roedd John Toshack wedi symud i Lerpwl am ffi o £110,000.

Roedd rheolwr enwog Lerpwl, Bill Shankly, wedi bod yn ceisio arwyddo John ers blwyddyn a mwy, ac wedi i gyfarwyddwyr Caerdydd wrthod cynigion o £70,000 gan Fulham ac £80,000 gan Birmingham, llwyddodd Shankly i fachu'i chwaraewr ym mis Tachwedd 1970.

Roedd Lerpwl yn chwilio am ymosodwr a fyddai'n llenwi esgidiau Roger Hunt ac Ian St John, a llwyddodd John i sicrhau cefnogaeth hanner coch y ddinas wrth iddo rwydo yn erbyn Everton yn ystod ei ail gêm i'r clwb.

Er mai pum gôl yn unig a sgoriodd John yn ei dymor cyntaf â Lerpwl, ffurfiodd bartneriaeth lewyrchus iawn â Kevin Keegan y

118

tymor canlynol gyda'r Cymro tal, cyhyrog yn cyfuno'n wych â'i bartner bychan, athrylithgar.

Sgoriodd John 13 gôl wrth i Lerpwl gipio'r bencampwriaeth yn Lloegr ym 1973, yn ogystal â chreu dwy gôl i Keegan wrth i Lerpwl drechu Mönchengladbach o dair gôl i ddwy dros ddau gymal yn rownd derfynol Cwpan UEFA.

Synnwyd y byd pêl-droed wrth i Bill Shankly ymddeol wythnos wedi i Lerpwl ennill Cwpan FA Lloegr ym 1974, ond cymerodd ei is-reolwr, Bob Paisley, yr awenau wrth i lwyddiant Lerpwl barhau yn Lloegr ac Ewrop.

Dim ond saith gêm a gollodd John yn ystod tymor 1975/6 wrth iddo chwarae dros 50 o gêmau mewn pedair cystadleuaeth i'r Cochion. Sgoriodd 20 gôl yn ystod y tymor gan gynnwys gôl wych yn erbyn Barcelona yn rownd gynderfynol Cwpan UEFA wrth i Lerpwl gipio'r Gynghrair a Chwpan UEFA.

Roedd y tymor canlynol yn un rhwystredig i John wrth iddo golli diweddglo tymor 1976/7 oherwydd anaf. Bu'n rhaid iddo eistedd yn ôl a gwylio'i gydchwaraewyr yn cipio Cwpan Ewrop am y tro cyntaf erioed, ac wedi iddo lwyddo i wneud pedwar ymddangosiad yn unig yn ystod y tymor canlynol, penderfynodd John adael Anfield a chymryd swydd fel chwaraewr-reolwr gydag Abertawe yn y Bedwaredd Adran.

Dim ond 28 mlwydd oed oedd John pan symudodd i'r Vetch a chymryd yr awenau yno, ond roedd yn benderfynol o efelychu ei arwr a'i fentor, Bill Shankly, ac arwain y Swans i lwyddiant. Dyna'n union a ddigwyddodd wrth i Abertawe garlamu i fyny'r adrannau gan sicrhau dyrchafiad ar ôl dyrchafiad.

Gyda John yn dwyn perswâd ar rai o gynchwaraewyr Lerpwl fel Tommy Smith, Ian Callaghan a Phil Boersma i symud i'r Vetch i ymuno â Chymry fel Alan Curtis, Jeremy Charles a Robbie James, buan y llwyddodd Abertawe i gyrraedd yr Adran Gyntaf wrth iddynt drechu Preston North End ar ddiwedd tymor 1980/1.

Roedd dawn ac awch Toshack fel rheolwr yn amlwg y diwrnod

119

hwnnw wrth iddo benderfynu na fyddai ei gefnder, John Mahoney, yn chwarae yn y gêm er ei fod yn gwybod bod ei ewythr yn teithio i fyny o dde Cymru ar gyfer y gêm. Nid oedd yn osgoi penderfyniadau anodd ac roedd hynny'n arwydd o reolwr da, yn ôl Shankly, oedd wrth ei fodd â champ John yn Abertawe, gan ddisgrifio John fel 'rheolwr y ganrif'.

Roedd perthynas John a Shankly yn un agos iawn, a'r Albanwr yn cynghori John wrth iddo ddechrau ar ei yrfa reoli. Bu Shankly yn westai i'r Swans ar sawl achlysur wrth i Abertawe chwarae gêmau yng ngogledd-orllewin Lloegr ac roedd gan John gryn feddwl o'i gyn-reolwr.

Roedd yn eironig felly bod Abertawe'n ymweld ag Anfield ar y dydd Sadwrn wedi i Shankly farw'n sydyn ac, wrth i'r ddau dîm sefyll am funud o dawelwch i gofio'r Albanwr, tynnodd John ei dracwisg Abertawe gan ddatgelu crys coch rhif 10 Lerpwl.

Wedi i Abertawe ddisgyn yn ôl i'r is-adrannau, cafodd John ei ddiswyddo ond roedd ei lwyddiant â'r Swans wedi dal sylw nifer o glybiau yn Ewrop. Ym 1984 cymerodd yr awenau â Sporting Lisbon ym Mhortiwgal ond wedi blwyddyn roedd wedi symud yn ei flaen i Wlad y Basg ac wedi ymuno â Real Sociedad.

Roedd John wrth ei fodd yng Ngwlad y Basg. Ymgartrefodd ef a'i deulu yn yr ardal yn syth a chafodd ei drin fel brenin yno. Llwyddodd Sociedad i ennill Cwpan Sbaen ym 1987 a gorffennodd y Basgwyr yn ail yn La Liga y flwyddyn ganlynol. Yn dilyn ei lwyddiant â Sociedad cafodd ei ddenu i gymryd yr awenau yn un o glybiau mwyaf y byd, Real Madrid. Er iddo ennill y gynghrair a'r Copa del Rey yn ei dymor cyntaf â Madrid, cafodd ei ddiswyddo wedi 11 gêm o'r tymor canlynol a dychwelodd i San Sebastián at Real Sociedad.

Ym 1994 cafodd ei benodi'n rheolwr rhan-amser ar Gymru wedi i Terry Yorath golli ei swydd ond, yn dilyn perfformiad trychinebus yn erbyn Norwy, cerddodd John allan ar ei wlad a dychwelyd i Wlad y Basg.

Wedi cyfnod wrth y llyw â Deportivo la Coruña, lle enillodd ei le fel yr unig rheolwr i ennill y Copa del Rey gyda thri chlwb gwahanol, cafodd John ei benodi'n rheolwr ar glwb Besiktas yn Nhwrci. Ni fu yno'n hir. Wedi i'r gŵr o'r Iseldiroedd, Guus Hiddink, gael ei ddiswyddo gan Real Madrid ym 1999, roedd Tosh ar ei ffordd yn ôl i Sbaen a'r Bernabeu. Roedd cyfarwyddwyr Madrid wedi ei benodi er mwyn ceisio cael trefn ar rai o'r enwau mawr yng ngharfan Madrid, ond wedi chwe mis yn unig gadawodd John y clwb er mwyn dychwelyd i fyw yn San Sebastián.

Wedi i Mark Hughes ymddiswyddo fel rheolwr cenedlaethol Cymru ym mis Tachwedd 2004, trodd y Gymdeithas Bêl-droed at John gan ofyn iddo gymryd yr awenau am yr eildro. Roedd ei sylwadau diflewyn-ar-dafod am gyfnod Mark Hughes wrth y llyw tra oedd yn sylwebydd i BBC Cymru wedi corddi rhai o'r chwaraewyr. Yn wir, cafwyd dechrau stormus i'w deyrnasiad fel rheolwr wrth i Robbie Savage, chwaraewr canol-cae Cymru, feirniadu dulliau hyfforddi John a chyhoeddi ei fod yn ymddeol o bêl-droed rhyngwladol. Ond, wrth adeiladu tua'r dyfodol a rhoi profiad i rai o chwaraewyr ifanc Cymru, mae John yn credu bod dyfodol disglair i bêl-droed yn Nghymru, a'i nod yw cyrraedd Pencampwriaethau Ewrop yn 2008 neu Bencampwriaeth Cwpan y Byd yn 2010.

© Empics

Johnny Owen

Mae diweddglo stori'r 'Matchstick Man' o Ferthyr Tudful yn un hynod drist, gyda'r ornest olaf yn erbyn Lupe Pintor – yr un a welodd John Richard Owen yn colli ei fywyd wrth iddo frwydro am Bencampwriaeth y Byd – yn gwmwl enfawr dros ei hanes.

Disgybl digon cyffredin oedd Johnny yn yr ystafell ddosbarth ac ar y meysydd chwarae fel ei gilydd, ond wrth iddo ddilyn ôl troed ei dad a'i daid a chamu trwy'r rhaffau i'r sgwâr bocsio roedd Johnny'n newid yn llwyr. Roedd grym a chyflymder y bachgen eiddil yn cyferbynnu'n llwyr â'i wedd a'i faint, ac roedd yn amlwg yn un a fyddai'n etifeddu mantell bocswyr enwog Merthyr – gwŷr fel Howard Winstone ac Eddie Thomas – maes o law.

Dechreuodd focsio pan oedd yn yr ysgol gynradd yng Nghlwb Bocsio Court House ym Merthyr a llwyddodd i ennill Pencampwriaeth Ysgolion Cymru ym 1969 pan oedd yn 12 mlwydd oed. Yn ystod gyrfa amatur wych ymladdodd Johnny mewn 124 gornest, gan ennill 106 ohonynt, a chafodd y fraint o wisgo fest goch Cymru ar 17 achlysur gan ennill 15 o'r gornestau hynny.

Roedd gwell i ddod yn ei yrfa broffesiynol. O fewn chwe mis a chwe gornest broffesiynol, roedd Johnny, a oedd yn 20 oed ar y pryd, wedi cipio Pencampwriaeth Pwysau Bantam Cymru. Bum gornest yn ddiweddarach roedd yn bencampwr Prydain wedi iddo drechu'r hen ben, Paddy Maguire o Ogledd Iwerddon, mewn 11 rownd yn Llundain.

Johnny oedd y Cymro cyntaf ers 64 mlynedd i fod yn Bencampwr Pwysau Bantam Prydain ac roedd yn falch iawn o'i Gymreictod a'i wreiddiau, gan fynd mor bell â glynu cenhinen Bedr i'w hosan ar gyfer pob gornest!

Roedd ei enw da yn y byd bocsio yn prysur ledu, ac wedi iddo amddiffyn ei goron Brydeinig yn erbyn Wayne Evans cafodd Johnny gyfle i frwydro am goron y Gymanwlad yn erbyn Paul Ferreri o Awstralia.

Cynhaliwyd yr ornest yng Nglyn Ebwy, ac roedd Johnny'n brwydro am y fraint o fod y Cymro cyntaf i ennill coron Pwysau Bantam y Gymanwlad. Er bod Johnny wedi creu argraff anhygoel yn ei 17 gornest broffesiynol, roedd y mwyafrif o'r gwybodusion yn credu y byddai ymladd yn erbyn Ferreri yn ormod i'r Cymro.

Roedd y gŵr o Awstralia wedi ennill 58 o'i 69 gornest cyn teithio i Gymru, ond llwyddodd Johnny i ddawnsio o'i gwmpas gan daflu dyrnau deallus o bell ac roedd ei gryfder a'i ffitrwydd yn ormod i Ferreri.

Bedwar mis yn ddiweddarach teithiodd Johnny a'i gefnogwyr brwd i Almeria yn Sbaen er mwyn herio Juan Francisco Rodriguez am goron Pwysau Bantam Ewrop. Y tro hwn cafwyd siom enfawr wrth i'r Cymro golli ei ornest broffesiynol gyntaf o drwch blewyn, a hynny oherwydd penderfyniad yr awgrymodd rhai gohebwyr bocsio oedd yn fwy i'w wneud â lleoliad yr ornest na gallu'r Sbaenwr.

Wedi'r siom yn Sbaen llwyddodd Johnny i ennill saith gornest o'r bron gan gynnwys amddiffyn Pencampwriaethau Prydain a Phencampwriaeth y Gymanwlad wrth iddo baratoi i groesawu Rodriguez i Gymru er mwyn ceisio dial am y golled yn Almeria.

Yn yr ail ornest nid oedd unrhyw amheuaeth pwy oedd y bocsiwr gorau. Enillodd Johnny'n rhwydd wrth i'r dyfarnwyr o Ddenmarc, yr Eidal a Gwlad Belg ffafrio'r Cymro 120–115, 119–117 a 119–115.

Bedwar mis wedi'r fuddugoliaeth dros y Sbaenwr llwyddodd Johnny i sicrhau'r hawl i gadw ei wregys Lonsdale wrth iddo ei amddiffyn am yr eildro yn erbyn John Feeney yn Wembley, ac yna trefnwyd yr ornest dyngedfennol am Bencampwriaeth Pwysau Bantam WBC y byd.

Roedd Johnny yn Bencampwr Cymru, Prydain, y Gymanwlad ac Ewrop gyda record broffesiynol o 25 buddugoliaeth, un golled ac un gornest gyfartal. Dymunai fod yn bencampwr y byd yn fwy nag unrhyw beth arall, ond yn anffodus nid oedd diweddglo hapus i fod y tro hwn i'r stori dylwyth teg.

Roedd Guadalupe Pintor wedi ennill ei goron WBC wrth drechu'r pencampwr Carlos Zarate ym 1979. Johnny oedd y trydydd bocsiwr i geisio'i ddisodli. Cynhaliwyd yr ornest yng ngwres tanbaid Los Angeles lle roedd Pintor yn gallu galw ar gefnogaeth frwd cymuned Fecsicanaidd y ddinas.

Wrth i Johnny gerdded i'r sgwâr trwy'r Awditoriwm Olympaidd roedd y dorf elyniaethus yn ei wthio a'i fwrw ac yn bloeddio enw Pintor. Roedd yr awyrgylch yn frawychus ond nid oedd unrhyw arwydd fod Johnny'n bryderus.

Profodd y Cymro nad oedd dan anfantais, ac ar brydiau yn y rowndiau agoriadol roedd Johnny'n bocsio'n well na'r pencampwr, gan ei daro ag ergydion grymus. Ar ddiwedd y chweched rownd bu'n rhaid i'r meddyg ymweld â chornel y Mecsicanwr wedi i Johnny agor anaf uwchben ei lygaid, ond gweddnewidiwyd yr ornest yn y nawfed rownd wedi i Pintor daflu ergyd rymus â'i ddwrn de – ergyd a loriodd Johnny am y tro cyntaf yn ei yrfa.

Cafodd ei daro i'r cynfas am yr eildro wedi dau funud o'r ddeuddegfed rownd, ond cododd Johnny ar ei draed i wynebu'r dyfarnwr erbyn i hwnnw gyfri wyth a chamodd yn ei ôl i ganol y sgwâr. O fewn eiliadau roedd Pintor wedi ei daro ag ergyd arall i'w ben a chwympodd Johnny yn ddisymwth gyda'i goesau'n diflannu oddi tano.

Cafodd Johnny ei gludo'n anymwybodol i ysbyty yn Los Angeles ar 19 Medi 1980 lle roedd i wynebu her fwyaf ei 24 mlynedd ar y ddaear.

Roedd y parch tuag at Johnny yn ei dref enedigol yn amlwg wrth

124

i'r cyhoedd godi arian i anfon Edith, mam Johnny, i Los Angeles i ymuno â'i gŵr wrth wely eu mab. Chwe wythnos yn ddiweddarach, ar 4 Tachwedd 1980, bu farw'r 'Matchstick Man'. Wedi ei farwolaeth daeth i'r amlwg fod gan Johnny benglog anghyffredin o denau ac y gallasai fod wedi disgyn yn farw ar unrhyw adeg yn ystod ei yrfa.

Er mor eiddil oedd y bocsiwr 5' 8", roedd yn gawr o arwr yn ei gymuned. Roedd yn eilun i blant Merthyr, oedd wedi ei wylio'n rhedeg o gwmpas stad Gelli-deg dro ar ôl tro wrth iddo ymarfer ar gyfer ei ornestau, a bron i 22 mlynedd wedi ei farwolaeth codwyd £40,000 er mwyn gosod cerflun efydd o Johnny yng nghanol Merthyr. Daeth bocswyr o bob cwr o'r byd at ei gilydd mewn gwasanaeth coffa arbennig yn Eglwys Sant Tudful cyn y seremoni i ddadorchuddio'r cerflun.

Roedd ei rieni wedi estyn gwahoddiad i ŵr arbennig iawn ddadorchuddio'r gofeb, sef y bocsiwr a daflodd yr ergyd dyngedfennol, Lupe Pintor. Mewn seremoni hynod emosiynol, mynnodd Pintor fod tad Johnny, Dick Owen, yn ei helpu i ddiosg y Ddraig Goch oddi ar y gofeb i'r 'Matchstick Man', Johnny Owen – gwir fab o Gymru ac un a dalodd y pris eithaf wrth ddilyn ei freuddwyd.

© Empics

Billy Boston

Wrth drafod chwaraewyr rygbi Cymru mae'n hawdd anghofio'r Cymry a adawodd Rygbi'r Undeb er mwyn ennill bywoliaeth yn y gamp gan symud i ogledd Lloegr a Rygbi XIII.

Mae cannoedd ar gannoedd o Gymry wedi rhodio'r llwybr i'r 'gogledd', yn eu mysg rai o gewri'r gêm fel Terry Holmes, David Watkins a Jonathan Davies, ond y Cymro a wnaeth yr argraff fwyaf yn y gêm 13-pob-ochr oedd chwaraewr a adawodd Gymru pan oedd yn dal yn ei arddegau, sef Billy Boston.

Ganed Boston ym 1934 yn ardal Tiger Bay yng Nghaerdydd, y chweched o 11 o blant, a chyda'i dad yn hanu o Sierra Leone a'i fam yn Wyddeles roedden nhw'n deulu nodweddiadol o'r bae. Roedd yr ardal yn groesffordd i bobl o bedwar ban byd gyda phob hil, crefydd a chefndir yn ymgartrefu yno oherwydd y porthladd. Roedd teuluoedd o Affrica, y Caribî, Somalia, Yemen a China yn ogystal â Sgandinafia ac Iwerddon yn byw ochr yn ochr â'r Cymry yno.

Roedd dawn Billy â phêl rygbi yn amlwg o'r eiliad y cyrhaeddodd Ysgol South Church Street yn ardal y Biwt, a'i uchelgais fawr ar y pryd oedd cael gwisgo crys glas a du enwog clwb rygbi'r brifddinas.

Er ei fod yn torri'i fol eisiau chwarae dros Gaerdydd, i Glwb Rygbi Castell-nedd y gwnaeth Billy Boston ei ymddangosiadau prin ar gae rygbi yng Nghymru. Ymunodd â'r Royal Corps of Signals yn Catterick er mwyn cwblhau ei wasanaeth cenedlaethol, ac roedd rheswm da iawn pam ei fod wedi dewis y Signals – roedd y Corps yn

126

enwog am eu tîm Rygbi'r Undeb.

Roedd hanes campau Billy â phêl rygbi wedi cyrraedd y 'gogledd' a chlustiau sgowtiau Rygbi XIII, ac un clwb yn arbennig. Roedd cysylltiad cryf rhwng Clwb Rygbi XIII Wigan a Chymru ers i'r 'Cherry & Whites' arwyddo bachgen ifanc arall o Gaerdydd, Jim Sullivan, ym 1921. Pan arwyddodd Sullivan â Wigan yn fachgen 17 mlwydd oed roedd eisoes wedi chwarae am dymor i glwb Caerdydd yn ogystal â bod y chwaraewr ieuengaf erioed i chwarae dros y Barbariaid, ac roedd yn llwyddiant ysgubol ar Central Park.

Felly, pan glywodd Wigan am fachgen dawnus arall oedd yn hanu o'r un ardal o Gaerdydd â Sullivan, roeddent yn benderfynol o ddwyn perswâd arno i ymuno â'r clwb.

Wedi i Billy Boston serennu i'r Royal Corps of Signals yn rownd derfynol Cwpan y Fyddin ym 1953, gan sgorio chwe chais yn erbyn y Gwarchodlu Cymreig, arwyddodd i Wigan am £3,000. Roedd cefnogwyr y clwb yn awchu i gael gweld y dalent ifanc newydd yma, a chafwyd torf o 8,000 i wylio ei gêm gyntaf i dîm 'A' Wigan. Gwnaeth ei ymddangosiad i'r tîm cyntaf yn Wigan yn 19 mlwydd oed fel asgellwr, mewn gêm yn erbyn Barrow, ac wedi chwe gêm yn unig cafodd ei ddewis ar gyfer taith y Llewod i Awstralia a Seland Newydd ym 1954.

Ar y daith sgoriodd 36 cais, gan gynnwys dau ar ei ymddangosiad cyntaf mewn gêm Brawf i'r Llewod yn Brisbane, a sgoriodd bedwar cais yn ei drydedd gêm Brawf yn erbyn Seland Newydd yn Auckland.

Ef oedd y chwaraewr ieuengaf erioed, ar y pryd, i gael ei ddewis i deithio â thîm Llewod Prydain, ac ef hefyd oedd y chwaraewr croenddu cyntaf i chwarae dros y Llewod.

Nid oedd yr un chwaraewr erioed o'r blaen wedi gwneud cymaint o argraff mor gyflym wrth symud o'r gêm 15-pob-ochr, a llwyddodd i groesi am ei 100 cais cyntaf yn Rygbi XIII mewn dim ond 68 gêm. Y prif reswm am ei lwyddiant oedd ei allu i chwarae mewn unrhyw safle ymysg yr olwyr, ac er mai fel asgellwr yr oedd y Cymro'n enwog, ym 1957 llwyddodd i sgorio 12 cais mewn pedair gêm i'r clwb yn safle'r maswr. Sgoriodd ddau gais yn erbyn Workington o safle'r canolwr chwith yn rownd derfynol y Cwpan Her ym 1958, ac ym 1960 sgoriodd ddau gais o safle'r canolwr de wrth i Wigan chwalu Wakefield Trinity o 27 pwynt i dri o flaen torf o 82,000 yn Odsal, Bradford yn rownd derfynol y Bencampwriaeth.

Roedd Wigan a'i chaeau Rygbi XIII yn adlewyrchiad o'r Biwt, gyda chwaraewyr o bob hil yn diddanu'r dorf. Roedd hynny'n ei gwneud yn haws i Boston, a oedd yn ymwybodol iawn o'i gefndir ethnig, i ymgartrefu yn y dref, ond fe fu un pennod afiach yn hanes Rygbi XIII pan gafodd Boston ei erlid oherwydd lliw ei groen. Wedi iddo chwarae yng Nghwpan y Byd yn Awstralia ym 1957, roedd y Llewod i deithio i Dde Affrica am gyfres o dri Phrawf.

Oherwydd system apartheid De Affrica, cafodd y Llewod wybod y byddai'n rhaid i Boston fwyta a chysgu mewn gwestai gwahanol i weddill y tîm. Penderfynodd Boston nad oedd am deithio i'r wlad, ond gwnaeth y Rugby Football League benderfyniad cywilyddus wrth iddynt ddewis parhau â'r daith gan orfodi Billy Boston i hedfan adref o Awstralia ar ei ben ei hun.

Synnwyd llawer o'r gwybodusion wrth i Boston gael ei adael allan o daith y Llewod i Awstralia a Seland Newydd ym 1958, ond cafodd ei gynnwys i deithio am yr eildro ym 1962. Gwnaeth 31 ymddangosiad i'r Llewod mewn gêmau Prawf yn ystod ei yrfa gan sgorio 24 cais, ond gyda'i glwb y gwnaeth Billy yr argraff fwyaf.

Sgoriodd lond trol o bwyntiau i Wigan gan groesi am saith cais mewn gêm ar ddau achlysur, a chwaraeodd yn Wembley chwe gwaith gan gipio'r Gwpan Her deirgwaith i'r 'Cherry & Whites'. Erbyn iddo chwarae ei gêm olaf i'r clwb yn erbyn Wakefield Trinity ym mis Ebrill 1968 roedd wedi sgorio 478 cais mewn 485 ymddangosiad.

Treuliodd ddau dymor â chlwb Blackpool Borough fel blaenwr ail reng ar ddiwedd ei yrfa, cyn dychwelyd i Wigan wedi iddo ymddeol o'r gêm er mwyn cymryd yr awenau yn nhŷ tafarn y Griffin, lai na hyd cic adlam o Central Park.

Roedd y Griffin fel Mecca i gefnogwyr Wigan, a byddai'r dafarn yn orlawn ar ddyddiau gêm a phawb, yr hen a'r ifanc, yn ysu i gael cwrdd â'r dyn ei hun.

Ym 1980 ef oedd un o'r chwaraewyr cyntaf erioed i gael ei enwebu yn aelod o Oriel Enwogion Chwaraeon Cymru, ac ym 1988 cafodd yr un fraint wrth i'r Rugby Football League sefydlu Oriel Enwogion Rygbi XIII.

Yn 2004, â chystadleuaeth y Cwpan Her yn cael ei chynnal yn ei ddinas enedigol, cafodd Billy Boston y fraint o arwain tîm Wigan allan ar faes Stadiwm y Mileniwm, Caerdydd cyn eu gêm yn erbyn St Helens.

Colin Jackson

Wedi iddo ddewis ymddeol o gystadlu ar frig y byd athletau yn 2003, roedd Colin Jackson yn sicr o'i le yn oriel yr anfarwolion, nid yn unig yn oriel athletwyr Cymru ond ar lwyfan byd-eang.

Treuliodd Colin gyfnod o 17 mlynedd ymysg y deg gorau yn y byd yn ei gamp, y 110m dros y clwydi – cyfnod anhygoel o gofio'r ddawn a'r dechneg sydd eu hangen i gystadlu yn y gamp arbennig hon. Yn ystod y blynyddoedd hynny enillodd 22 medal ym mhrif bencampwriaethau'r byd, gyda 12 ohonynt yn fedalau aur.

Llwyddodd un wobr i ddianc o afael Colin wrth iddo fethu â chipio'r fedal aur yn y Gêmau Olympaidd ar bedwar achlysur. Yn Seoul ym 1988, llwyddodd i gasglu'r fedal arian y tu ôl i'r ffefryn, Roger Kingdom o America, ond ym 1992, pan oedd Colin yn ffefryn, anafodd ei asen gan orffen yn seithfed yn y rownd derfynol. Gorffennodd yn y pedwerydd safle yn Atlanta bedair blynedd yn ddiweddarach ac yn bumed yn Sydney yn 2000. Er hyn, nid yw Colin yn rhy ddigalon pan fo'n edrych yn ôl ar ei yrfa. 'Rwy'n bencampwr byd, yn berchen ar record byd ac mae fy nghabinet medalau'n llawn dop. Rwyf wedi gwneud yn well nag 85% o athletwyr y byd, felly mae'n amhosib bod yn siomedig â'm gyrfa.'

Ganed Colin yng Nghaerdydd ym 1967, a daeth ei ddawn ym myd chwaraeon i'r amlwg yn Ysgol Uwchradd Llanedeyrn wrth iddo gynrychioli'r sir mewn pêl-droed a chriced yn ogystal ag athletau.

Fel athletwr addawol yn ei arddegau ymunodd Colin â Chlwb

Athletau Aberhonddu a daeth o dan oruchwyliaeth gŵr a fyddai'n ddylanwad enfawr arno am weddill ei yrfa athletau, sef hyfforddwr cenedlaethol Cymru, Malcolm Arnold.

Roedd yn cystadlu yn y decathlon a'r naid hir cyn iddo ddechrau canolbwyntio ar y ras dros y clwydi, ac yn Stadiwm y Morfa, Abertawe ym 1981 daeth ei enw i'r amlwg am y tro cyntaf wrth iddo ennill Pencampwriaeth Dan-15 Cymru yn ras yr 80m dros y clwydi.

Wythnos yn ddiweddarach yn Aberhonddu daeth yn Bencampwr Ysgolion Cymru wrth iddo sefydlu record newydd o 12.0 eiliad. Llwyddodd hefyd i ennill y gystadleuaeth taflu gwaywffon yno, gyda thafliad o 49.52m!

Ym 1985 cipiodd y fedal gyntaf i ymddangos yn ei gabinet wrth iddo orffen yn ail y tu ôl i John Ridgeon ym Mhencampwriaethau Iau Ewrop a chasglu'r fedal arian. Yna, casglodd fedal arian yng Ngêmau'r Gymanwlad yng Nghaeredin ym 1986, y tu ôl i Mark McKoy o Ganada, a medal aur ym Mhencampwriaethau Iau'r Byd yn Athen. Aeth ymlaen i gipio'r fedal efydd ym Mhencampwriaethau'r Byd yn Rhufain ym 1987, ac yna sicrhaodd y fedal arian yn Seoul – ci unig fedal yn y Gêmau Olympaidd – ym 1988. Roedd hynny'n gamp a hanner i athletwr ifanc 21 mlwydd oed ond roedd yn amlwg fod gan Colin dalent enfawr.

Wedi iddo sicrhau record Prydain, Ewrop a'r Gymanwlad o 13.13 eiliad, roedd yn dechrau herio'r Americanwyr, a oedd wedi llwyr reoli'r gamp am flynyddoedd. Bu'n rhaid i Roger Kingdom redeg yn gynt na 13.00 eiliad ar ddau achlysur yn ystod y tymor er mwyn trechu'r Cymro.

Ym 1989 cipiodd Colin fedal arian ym Mhencampwriaethau Dan-do Ewrop yn ogystal â sicrhau ei fuddugoliaeth gyntaf yng Nghwpan Ewrop, a dangosodd ei gyflymder wrth iddo dorri record Cymru dros 100m yng Ngêmau Cymru yn Wrecsam.

Er iddo golli rhan helaeth o'r tymor ym 1990 oherwydd anaf i'w ben-glin, roedd Colin yn ffefryn clir ar gyfer y fedal aur yng Ngêmau Olympaidd Barcelona ym 1992. Roedd wedi bod yn ymarfer yn galed gydag un o'i ffrindiau pennaf, y clwydiwr o Ganada, Mark McKoy, oedd wedi symud i fyw at Colin a'i deulu yng Nghaerdydd, ac roedd Colin yn rhedeg yn gyflymach nag erioed o'r blaen.

Yn y rownd ragbrofol gyntaf roedd Colin yn teimlo'n gyfforddus iawn wrth iddo redeg ei ras a chafodd sioc o weld ei fod wedi ennill mewn 13.10 eiliad, a hynny er iddo arafu wedi iddo neidio dros y glwyd olaf gan ei fod mor bell ar y blaen! Yn yr ail rownd roedd Colin efallai yn *rhy* gyfforddus – tarodd ei goes ôl yn erbyn un o'r clwydi cyntaf gan rwygo cyhyr yn ei ochr.

Roedd y boen yn ei ochr yn golygu na allai redeg yn rhwydd ac roedd yn siomedig tu hwnt bod ei freuddwyd o gipio'r fedal aur yn deilchion oherwydd un camgymeriad. Gyda'r rownd gynderfynol a'r rownd derfynol ar yr un diwrnod, roedd yn poeni'n arw na fyddai'n gallu ymdopi â dwy ras fawr o fewn oriau i'w gilydd.

Llwyddodd i ennill ei le yn y rownd derfynol, ond ar ddechrau'r ras roedd y boen yn ddychrynllyd a chan nad oedd yn gallu codi ei goes ôl yn ddigon uchel fe darodd yr ail glwyd a cholli ei gydbwysedd yn llwyr. Roedd yn ail i Mark McKoy cyn taro'r glwyd, ac er iddo ystyried tynnu allan o'r ras aeth amdani gan basio ei wrthwynebwyr a dod yn agosach at McKoy, ond yn anffodus i'r Cymro, fe darodd y glwyd olaf a bu'n rhaid iddo fodloni wedyn ar y seithfed safle.

Roedd y siom o fethu â chipio'r fedal aur yn anferthol, yn enwedig wedi iddo drechu'r un saith athletwr 10 diwrnod yn ddiweddarach mewn ras ym Monaco ac mewn amser cyflymach na'r amser a sicrhaodd fedal aur i McKoy.

Er hyn, llwyddodd Colin i orffen y tymor yn safle'r prif ddetholyn yn ei gamp ac, ym 1993, llwyddodd i leddfu'r siom wrth iddo sefydlu record byd o 12.91 eiliad â ras berffaith ym Mhencampwriaethau'r Byd yn Stuttgart. Cafodd ei urddo am ei berfformiad â gwobr Athletwr y Flwyddyn gan yr IAAF a chan Ysgrifenwyr Athletau Prydain, yn ogystal â Gwobr Personoliaeth Chwaraeon BBC Cymru – gwobr a gasglodd am yr eildro ym 1999.

Ym 1994 sefydlodd record byd arall wrth iddo ennill ras y 60m dros y clwydi ym Mhencampwriaethau Dan-do Ewrop mewn amser o 7.30 eiliad, ac wrth ennill y ras dros 60m daeth o fewn canfed rhan o eiliad i dorri record Ewropeaidd Linford Christie.

Bu'n rhaid i Colin golli'r rhan fwyaf o dymor 1995 gydag anaf i'w ben-glin ac roedd hynny'n rhannol gyfrifol am ei ddiffyg paratoi ar gyfer Gêmau Olympaidd Atlanta ym 1996, pan fethodd Colin unwaith eto â chipio'r fedal aur a gorfod bodloni ar orffen yn bedwerydd.

Ym 1998, wedi iddo ennill Pencampwriaeth Ewrop yn Budapest a Chwpan y Byd yn Durban, De Affrica, penderfynodd Colin nad oedd am gystadlu yng Ngêmau'r Gymanwlad yn Kuala Lumpur er iddo gael ei ddewis yn gapten tîm Cymru. Tynnodd nyth cacwn i'w ben a siomi nifer o'i gefnogwyr wrth iddo honni ei fod wedi cael digon ar Gêmau'r Gymanwlad wedi iddo gasglu un fedal arian a dwy aur, a'i bod yn hen bryd i rywun arall ennill y gystadleuaeth.

Llwyddodd i ennill y ddwy Bencampwriaeth Byd ym 1999 – dan-do ym Maebashi, Siapan a'r tu allan yn Seville, Sbaen. Yn dilyn ei siom yn Sydney yn 2000, ac er gwaethaf ei honiad ym 1998, penderfynodd ddod â'i yrfa rasio ryngwladol i ben tra oedd yn gwisgo fest goch Cymru yng Ngêmau'r Gymanwlad ym Manceinion yn 2002, lle cipiodd y fedal arian.

Yn ogystal â'i holl fedalau, gall Colin ymfalchïo yn y ffaith ei fod wedi sefydlu saith record Ewropeaidd, wyth record y Gymanwlad a naw record Brydeinig ar gyfer y 110m dros y clwydi; naw record Brydeinig, pedair record y Gymanwlad a phedair record Ewropeaidd yn y 60m dros y clwydi dan-do; a 15 record Gymreig yn y 60m, y 100m, y 200m a'r 110m dros y clwydi.

I glwydiwr 110m, y nod yw rhedeg yn gynt na 13.10 eiliad ac mae Colin wedi llwyddo i wneud hynny ar 27 achlysur, yn amlach nag unrhyw athletwr arall yn hanes y gamp. Mae hefyd wedi torri'r 13 eiliad ar bump achlysur. Mae'r cysondeb sy'n angenrheidiol i lwyddo ar y lefel uchaf yn amlwg wrth i Colin sefydlu record o 44 buddugoliaeth yn olynol dros y clwydi rhwng 1993 a 1995.

Colin yw'r Cymro cyntaf o'r byd athletau i gystadlu mewn pedair o'r Gêmau Olympaidd ac mae'r parch tuag ato yn y byd athletau'n enfawr. Ar ôl iddo ymddeol o gystadlu, mae wedi parhau'n wyneb cyfarwydd i gefnogwyr chwaraeon wrth iddo ymuno â thîm sylwebu athletau'r BBC.